誰からも好かれる

さりげない気遣い

後になってから気づいてもらえる、
好感度UPのマインドとコツ

ホスピタリティマインドトレーナー
菊地麻衣子

フォレスト出版

まえがき

ワンランク上のホスピタリティのために

気遣いができる人に、どうして私たちは心惹かれるのでしょうか。

自分を労《いたわ》ってくれるから？

一緒にいると楽だから？

それもあるかもしれませんが、その答えのヒントは「ルール」や「マニュアル」との違いにあるのかもしれません。私の長い現場での経験から、**お客様や相手の方が本当に感動するのは、ルールやマニュアル以外の対応をしたとき**だったからです。

ルールやマニュアルには、「○○のときは、△△すると相手が喜ぶ」という答えが最初から示されています。その通りにしておけば、大抵の場面で大きな失敗をすることはないでしょう。

しかし、ルールやマニュアルでは通用しない場面に遭遇したときにこそ、その人の人間性、気遣いのセンスが問われます。

私は「ホスピタリティマインドトレーナー」という少し変わった肩書きを名乗っています。

このネーミングには、「元CAです」と言うと決まって、「ああ、マナー・接遇講師の方ね」という反応へのアンチテーゼ、静かな反発を含んでいます。私としては、マニュアルを超えた「ホスピタリティ」を発揮できる人材育成を行う講師を目指しているからです。

私は新卒入社で日本航空の客室乗務員になり、国際線・国内線を乗務しました。その後、会員制リゾートグループの最大手、リゾートトラスト株式会社へ入社し、会員制ホテルにて富裕層のお客様の接客に従事しました。最終的に、「究極のパーソナルサービス」といわれるコンシェルジュというポジションに抜擢され、マニュアルのないサービスを日々追求してまいりました。

この経歴だけ見れば、「さぞ、お利口さんで物分かりがよい子だったのだろう」と想像されるかもしれませんが、私は物心がついた頃からルールとの対峙に苦しんだ劣等生でした。

まえがき　ワンランク上のホスピタリティのために

高校生のときには、私立校の厳しい校則の意味が理解できず、学校を辞めようと悩んだこともあります。

日本航空に入ると「マニュアルに書いていないことはやらないで」という訓練所の教育に対し、お客様それぞれに違ったサービスがあってもいいじゃないかと反発を覚えたものでした。

ルールやマニュアルを、「決まっていることだからやらなければいけない」とだけ言われ、誰も「どうしてそのルールがあるのか、どうして守らないといけないのか」という疑問には答えてくれませんでした。

私はいちいちその理由や意味を考えてしまい、時には合点することもありつつも、相変わらず悩みつづけました。

しかしその後、心理学を学び、カウンセラーの資格を取得したのですが、どうして人が心地よさを感じるか、嫌悪を感じるかのメカニズムを学ぶと、それまでは理解できなかったルールの意味も腑に落ちるようになってきました。

気遣いができる人は マニュアルに頼らない

そうした経験と知識、マインドは、自分が育成をする立場になったときに生きました。

後輩に指導するときは、「どうしてマニュアルがお客様のためになるのか」を、「意味」とともに伝えることができました。独立した今も、講師として指導するときには現場での経験談と心理学を織り交ぜながら、「なぜ、それを行うのか」という意味を必ず伝えるようにしています。

意味や目的を理解し、それを道標としておけば、マニュアルに頼りすぎることなく、フレキシブルな対応でお客様にご満足いただくことができるからです。

では、その臨機応変な対応に必要なものは何か？

それが、日常で行っている気遣いへの向き合い方だと思っています。**気遣いができる人は、自分の頭で答えを探すことができる人**だからです。そして、その気遣いがさりげないほど、人は感動します。

しかし、その**「気遣い」もルール化、マニュアル化している**ような気がすることがあります。たとえば、酒席で料理を取り分けるという行動が、相手のためを思ってではなく、「気の利く自分」をアピールする手段になっていると感じることはないでしょうか。

あるいは、自分の気遣いが「わざとらしい」「したたかさを感じさせるのではないか」と不安に感じている人もいるでしょう。

「さりげない気遣い」とは本当に存在するのか？

「さりげない気遣い」を説明するのはとても難しいことです。

感謝されることを狙った時点で、「さりげなさ」は失われてしまいます。中には、考えれば考えるほど、「見返りを求めない、押しつけがましくない気遣いや親切などというものが本当に存在するのか？」と疑問を持つ人もいるかもしれません。

きっと、**マニュアル化できないものだからこそ、その存在を疑ってしまう**のでしょう。

もちろん「さりげない気遣い」は存在します。そして、私が出会ってきた素晴らしい人たちの感動した気遣いや、自分が喜んでもらった気遣いの「意味」を紐解いていけば、もしかしたら正解は書けなくても、エッセンスであればお伝えできると思い、本書を執筆することにしました。

私は出版に興味を持ちはじめたときに、「今の読者さんは『正解』を最短距離で知る方法を求めているから、そういった書き方を意識したほうがいい」とアドバイスされたことがありました。

確かに忙しい現代人の皆さんがそういう思考になるのはわかる気がします。しかし、この本で伝えたいのは「さりげない気遣い」です。「答え」を知らないと何もできないマニュアル人間をつくりたいのではありません。

したがって、「○○したほうがよい」というアドバイスはふんだんに盛り込みますが、「○○しなければいけない」という断言は一切出さないつもりです。断言した時点で、それは融通のきかないルール、マニュアルになってしまうからです。

答えは1つだけではありません。接客はもちろん、人間関係においても、答えのない問題はたくさんあります。また、同じ行動でも、時と場合、相手や距離感によっては正解になることもあれば、間違いになることがあります

あくまで、「さりげない気遣い」のマインドを受け取っていただけると幸いです。マインドというと抽象的に感じるかもしれません。しかし、繰り返しますが、その本質さえ理解すれば応用の幅は広がり、フレキシブルな対応をするために役立つのです。

もちろん、さまざまな例とともに、見出しなどでポイントを明確にしながら紹介し、そのエッセンスを受け取りやすくなるように工夫しています。

次の序章からは、さっそく「さりげない気遣い」のマインド部分について、日本人の文化的側面などから解説していきます。そして第1章以降は、シーン別にその応用例を解説していきます。ぜひ、序章についてては最初にお読みいただきたいのですが、それ以降の章については、気になったところからでも読める構成になっていますので、気楽にページをめくっていただければと思います。

本書を、ルールやマニュアル以上のワンランク上のホスピタリティを学びたいという接客業の方だけでなく、がんばらない気遣いを知りたい方、人間関係を円滑にしたいけれどもしたたかには見られたくない方など、相手も自分も両方大切にしたいと考えているすべての方に捧げます。

誰からも好かれる
さりげない気遣い

もくじ

序章

さりげない気遣いができる人のたった3つの特徴

第1章 居心地がよくなるオフィスでの気遣い †社内

第2章

関係を深めて成果に繋げる顧客への気遣い

†接客・訪問

第3章

すれ違いが消える異性を思いやる気遣い

†男女

第4章 オフの時間に試される身近な人への気遣い

†プライベート

第5章 自分のことが好きになる気遣い
―自己肯定感

装丁 † 重原 隆
本文デザイン・DTP † フォレスト出版編集部

序章

さりげない気遣いができる人のたった3つの特徴

おもてなし大国と呼ばれる理由と気遣いができない個々人

2018年、訪日観光客数は3000万人を突破しました。日本製品やサブカルチャーの人気、2013年にユネスコ文化遺産に認定された和食人気も大きな理由だとは思いますが、2017年に東京都が行った国別外国人旅行者行動特性調査における東京の魅力について、次のようなランキングが出ています。

1位　衛生的
2位　人が親切
3位　治安がよい

2位が象徴的であるように、日本はおもてなし大国と言われ、中国をはじめさまざまな国から日本のおもてなしを学ぶ研修ツアーも増えています。

おもてなしにかかわらず、日本人の助け合いの精神はいろいろなシーンで注目を浴びています。

たとえば、震災時の振る舞いです。狭い避難所で、互いに気を遣いながら生活をする姿や、支援物資を並んで分け合う姿に、自然災害があれば暴動が起きることが当たり前と思われている国々からは驚きの声が上がりました。

また、近年ではサッカーワールドカップにおける日本人サポーターの行動が話題になりました。試合に負けた日本のサポーターがゴミ拾いを行ったことに対し、「信じられない」「日本は最も尊敬できる国」と世界中から称賛の声が上がりました。

確かに、困ったときに助け合う精神や、敵対した相手に対しても敬意を払う姿というのは、甲子園や相撲を見ていても、現在の日本に根強く残っている文化だと思います。

しかし、国という大きな単位でくくれば評価されているかもしれませんが、もっとミクロな視点、つまり私たち一人ひとりの行動にフォーカスしたときに、相手を慮《おもんぱか》った気遣いができていると胸を張って言えるか――。そんな疑問を差し挟まずにはいられないのではないでしょうか。

聖徳太子が本当に伝えたかった気遣いの原点

気遣いの話を進めるうえで、日本におけるおもてなしや気遣いの原点を見てみましょう。

「和《わ》を以《もっ》て貴《とうと》しとなす」

歴史の授業で習った一文として覚えている方も多いでしょう。この言葉は聖徳太子が7世紀に制定したとされる「十七条憲法」の第一条の冒頭にある言葉です。「憲法」と呼ばれてはいますが、示されている内容は、官僚や貴族に対する道徳的な規範です。この道徳の教科書ともいえる文献の冒頭に記されているのがこの一文。「和を以て貴しとなす」を直訳すると「和を何よりも大切なものとしなさい」となります。和というのは日本を示す言葉でもありますが、ここでは「協調」「調和」のことです。「周囲との協調を何よりも大切にしなさい」となります。

これだけ聞くと、「不満や疑問があっても、それを我慢して同調しなさい」「皆の価値観を1つにしなさい」という意味に誤解される方もいるでしょうが、実はこの十七条憲法を通して聖徳太子が伝えているのは、「わだかまりなく話し合うことが尊いことだ」ということです。

そして、第一条は「上も下も和《やわ》らいで話し合いができれば、何事も成し遂げられないことはない」という言葉で終わっています。

「和を以て貴しとなす」は「**価値観の違う者が上も下も関係なく、協調するために話し合うことが貴いこと**」を伝えている言葉なのです。

私はこの言葉が今の日本の気遣いを考えるうえでとても大切だと思っています。我慢や犠牲のうえに成り立つ気遣いではなく、相手も自分もうれしい状態が本当の気遣いなのです。

間違った方向に向かっている気遣い

「ハイコンテクスト、ローコンテクスト」という言葉を聞いたことがありますか。

アメリカの文化人類学者であるエドワード・T・ホールが唱えた「ハイコンテクスト文化とローコンテクスト文化」という識別法があります。

「コンテクスト」とは直訳すると「文章の前後の脈略」のことで、言語外で表現されることを察する力が高いことをハイコンテクスト、低いことをローコンテクストと言います。

たとえば、ある2人が出会った瞬間に、一方が「この前、ありがとうね」と言います。ハイコンテクストなコミュニケーションなら「いえいえ、ついでだったので気にしないでください」となり、ローコンテクストなら「え？　何のことでしたっけ？」となります。

エドワード・T・ホールは、世界中で日本は最もハイコンテクストなコミュニケーションを行っていると提唱しています。その理由にはさまざまな説がありますが、私は島国という閉ざされた環境と狭い国土に多くの人が生活していること、そして長期間において大多数が1つの文化を共有してきたことなどが理由ではないかと考えています。

確かに日本では「空気を読む」「忖度《そんたく》する」「行間を読む」など、言葉にされていない相手の意図を汲み取ることへの美学があります。お客様を食事にお招きしたときに、「お水をください」とお客様に言わせるまで出さないことは野暮《やぼ》だと考えているのです。

欧米を中心としたローコンテクストな国の方々からすると、曖昧な断り方に混乱をしたり、沈黙が耐えられなかったりと、何でも言葉にすることを野暮とする日本人の考え方に違和感を持つようです。ネガティブなこともハッキリと相手に伝えたり、違う意見を主張することに慣れていない日本人は留学をすると苦労するという話もよく聞きます。

もちろん、ハイコンテクストな日本人だからこそ、察することに優れており、おもてなし大国と呼ばれるほどになっているのでしょう。

しかし、この**日本人の素晴らしいハイコンテクストという特徴すら、気遣いの障害になってしまっている**と感じることがあります。

「空気を読む」「忖度する」というのは本来、相手の気持ちを察して気遣いをすることです。

ところが、最近では長いものに巻かれたり、多数の意見に従うシーンに、悪い意味で使われているのをよく見かけます。

自分を守るために空気を読んだり、自分が評価をされるために忖度をする人が目立ちます。

また、こうしたマインドは「他の人もやっているからいいよね」という悪い意味での同調を引き起こします。「赤信号、皆で渡れば怖くない」です。

公共交通機関で他の人も席を譲らないんだから自分だって譲らなくていいだろうと考えたり、渋谷のスクランブル交差点で他の人も騒いでいるから自分も騒いでいいだろうと考えるのは、マジョリティに同調して安心する国民性が出ていると思います。

考えることを止めてしまった日本人

私は、「和を以て貴しとなす」という考え方が、間違ってとらえられて、教育につながってしまったのではないかと感じることがあります。それは、「不満や疑問があっても、それを我慢して同調しなさい」「皆の価値観を一緒にしなさい」という誤った解釈です。

たとえば、運動会での一糸乱れぬ行進や、近年の順位をつけないかけっこにも見られるように、「突出することはいけない」という同調圧力を感じることがあります。

こうした精神性を受け入れると、人は自分を押し殺すことになります。そして、それに対する疑問や怒りを抱えながらも、我慢することが美徳と自分を納得させているのです。

そうした人たちがマジョリティになると、きっかけを見つけては突出した人を「叩く」という風潮が生まれます。不倫や交通事故を起こした芸能人だけでなく、ボランティアや募金をしている称賛に値するはずの芸能人も批判の対象となることがあります。

皆と違うことをしたり、「正しいことをしよう！」と声をあげる少数派の人を叩く人たちの声の裏には、「自分だって我慢しているのに」「よく見られようとしてずるい」といった嫉妬が見え隠れしているように思えてなりません。

多数の方の意見に同調し、それを行わない人を叩くのはなんて楽なことでしょう。協調と同調は大きな違いがあります。

協調　性格や意見の異なった者同士が互いにゆずり合って調和をはかること。

同調　他人の主張に自分の意見を一致させること。

——『広辞苑（第7版）』2018年、岩波書店

協調性とは、まず自分の意見があることが前提です。異なった意見を交わし、最適を導き出すことを放棄したら、それは協調ではないのです。

現代の日本では、自ら考えることを止めてしまった人が多いと感じています。SNSでつぶやかれている意見も、どこかの誰かが言った意見を自分の意見のようにシェアしているだけの方を頻繁に見かけます。

接客業でも、マニュアルを導入したことにより、臨機応変な対応ができないスタッフが多くなってしまったという弊害が出ています。飲食店で、嫌いなものを抜いて調理してほしいとお願いしたり、離乳食を温めてほしいと言っても、「当店で

はそのようなサービスは行っていないので」と応対してしまうのです（会社やお店の方針として決めているのであればよいと思いますが、「マニュアルに載っていない＝やってはいけない」と解釈してしまっている場合が多いのです）。

本来は、お客様に喜んでいただくための基本書のはずのマニュアルが、自分で考えて接客をすることを止めさせてしまったのです。

何が本当に自分の意見で、何が本当に自分の望んでいることか、見えなくなっている人がたくさんいます。

まわりの人たちが席を譲らなくても、「譲りたい」と思ったら譲る。力になりたいと思ったら、他人が何と言おうが募金活動に参加すればいい。しかし、**まわりに同調ばかりしていたら、気遣いの芽は閉じてしまう**のです。

人と違った対応をしてよいという勇気を持ち、考えることを止めない姿勢から本当の気遣いが生まれるのです。マナー本に書いてあるから行うのは気遣いではありません。

ルールとマナーの違いとは？

自分の頭で考えて行動ができるかどうかを、ルールとマナーの違いを見ることで考えてみましょう。

□レストランではワインが注がれるときはグラスを持たない。
□子どもの出産祝いをもらったから内祝いを送る。
□電車内では携帯電話での通話はしない。

これらはルールですか？　マナーですか？　と聞かれてパッと答えられる方は少ないのではないでしょうか。

ルールとマナーの違いとは何でしょうか。

ルールはそれぞれのコミュニティの中で「やらなくてはいけない」「やってはい

けない」と定められており、破った場合は罰則があるもの。学校の校則も学校というコミュニティにおけるルールですし、日本国憲法も日本というコミュニティにおけるルールです。

一方、マナーはお互いに気持ちよく過ごすための気遣い、言い換えると「やれたらいいね、素敵だね」というもの。マナーを守らなくても、白い目で見られたり、叱責されることはあっても罰則はありません。

公共交通機関である電車で考えてみましょう。

電車に全裸で乗るのは国が定めたルール違反ですが、電車の中で臭いの漂うものを飲食するのはマナーがなっていないとしか言われないでしょう。

私たちは、このようにハッキリと賞罰が示されていないものだからこそ、「マナー違反」にいらだち、「マナーを守ること」に感激するのではないでしょうか。決まっていることは守って当然です。でも、決まっていないことだからこそ、その人の心が表れるのです。

「まえがき」でも記しましたが、現在の日本では、「マナー」が「ルール」化してきていると感じることがあります。

冒頭の3つもルールではなくマナーですが、ルールのように扱われています。つまり、**自分の頭で考えることをしなくなった**ということです。

マナーがルール化することで気遣いが見えなくなる

現在のマナーは、「決まっているからやっている」ように見えてしまう行動がたくさんあります。

□人の家の玄関では靴を揃えるのがマナーだから揃える。
□香典は袱紗《ふくさ》から出すのがマナーだから準備する。

どれだけの人がこのマナーを行う意味を知っているのでしょうか。そして、それが相手のためになっていると考えて行っているのでしょうか。

もし、何も考えずに「マナーだから」とやっているのであれば、そこにはルールを守ろうという意識や、「マナーを知らない人と思われたくない」という気持ちはあるものの、他人への気遣いの心はほとんどないと思います。

マナーを知らない相手にも「心の伝わる」気遣いこそ、今の日本に求められていることです。

気遣いとは正しいか間違っているかという評価基準で語るべきものではありません。**相手がうれしいと感じれば、それはマナー通りでなくても正解**なのです。

気遣いは誰のため?

一般的なマナー本には1つの正解しか書いてありませんが、気遣いとは相手が変われば対応の仕方も変わるもので、正解はありません。

たとえば、落ち込んだときに、放っておいてほしい人もいれば、話を聞いてほしい人もいます。そのときの正解は相手の状況を見ないとわからないものなのです。

何もしないことや、見て見ぬフリをすることが気遣いになることもあるでしょう。

しかし、**気遣いをする目的が「人にほめられること」になってしまっている人の気遣いは、相手に「お節介」や「あざとさ」を感じさせてしまう**ことがあります。

落ち込んだときに、望んでいないのに、さもいい人のような顔をして皆の前で励ますことは、励ましているほうだけ満足している可能性があります。

本当の気遣いは相手がどうしてほしいかを察して行うもので、自己満足ではないのです。

では、どうしたら相手に喜んでもらえる気遣いになるでしょうか。

さりげない気遣いには、主に次の3つの特徴があります。

「誰も見ていなくてもいい」「気づかれなくてもいい」と割り切る

†さりげない気遣いの特徴①

もし、ワールドカップの試合会場でゴミ拾いをしている様子を、自分たちで写真を撮り、「日本人はこんなに気遣いができます！」とSNSで発信していたらどうだったでしょうか。

おそらく今回の報道ほどは取り上げられなかったでしょう。それどころか、「あざとい」という悪い印象を振りまくことになったかもしれません。

現在の日本においては「人が見ていない」状況のときの気遣いが弱っていると感じます。誰も見ていないお化粧室の個室内へのゴミの置きさりや、傘の盗難の増加も、「誰も見ていないからいいか」という気持ちの油断から来るものではないでしょうか。

人に見られているときだけ、気遣いをしようと思っても急にできるものではありません。それが「あざとい気遣い」か「自然な気遣い」かが表れてしまう分かれ道なのです。気づかれないかもしれないのに、誰も見ていないかもしれないのに、行っていることに人は感動するのです。

私も、後になってから「あのとき、気遣いをされていたんだ」と気づいて感動したことが何度もあります。

「気づかれないなら、意味がないじゃないか」と思われた方もいるかもしれません。

しかし、それは違います。その行動を自分自身が見ているのです。自分が見ていれば、自分で自分を認めてあげられるようになります。そして、その自分を律する姿勢こそが「品」となって、表に現れてくるのです。

さりげない気遣いや品を身につけた皆さんには、後からたくさんの恩恵が戻ってくるはずです。

相手や状況に合わせて最適解を考える

†さりげない気遣いの特徴②

この本では事例を用いることで、マニュアルに頼らず、自分の頭で判断するためのエッセンス、コツを伝えていきますが、気遣いとは相手が発しているシグナルによって変わるものです。マニュアルのような、すべての人への正解ではありません。

しかし、マニュアルが「可もなく不可もなし」のゼロベースに導くものだとすれば、本書はさらにワンランクもツーランクも上の振る舞いをお伝えします。

相手をよく観察し、**相手が発しているシグナルによって対応を判断する**必要があります。

判断の方法も含め本書では伝えてまいります。

気遣いをする対象者を選ばない

†さりげない気遣いの特徴③

人によって態度が違う人の気遣いは、差別をしているように見えてしまいます。

現代の日本では自分よりも立場の高い人に対しては媚びへつらい、自分にとって利害関係のない人に対しては気遣いをしない人たちを見かけます。

自分たちが接待をしている人のタクシーを捕まえるためなら平気で横入りをする姿を見かけたときや、飲食店でVIPのお見送りのために、他のお客様が待たされている姿などを見ると心からがっかりします。誰に対しても、気を遣える人が粋であり、品のある人です。

第2章からは、ルール化してしまったマナーから抜け出し、相手も自分もうれしい本当の気遣いとは何か一緒に考えていきましょう。

本書では私が50万人のお客様やスタッフと接してきた中で体得してきた気遣いについてお伝えしますが、あくまでそれは私の考えです。

1つの参考にしてもらいながら、ぜひ皆さんの目の前にいる人にとって、本当に望まれる気遣いを見つけていきましょう。

第1章

居心地がよくなるオフィスでの気遣い

† 社内

オフィスというのは、現代人にとって一番長い時間を過ごす場所でしょう。

家庭に男女が2人いるだけでも、物の使い方で喧嘩になることもあるのに、さまざまな年代の人、趣向の人が集まるオフィスというのは、どれだけ互いに気を遣いながら過ごさなければならない場所か、痛感している方がほとんどだと思います。

たとえば、誰かが誰かに話しかけている様子、人が喫煙所に立つ回数などが気になってしまうという人もいるようです。

相手にとって、自分が一緒にいて居心地のよい人になりたいものです。そうした思いは、すなわち自分自身が過ごしやすいオフィス環境を自分でつくることにもつながります。

オフィスの中にいる居心地のよい人というのは**「存在感の足し引きができる人」**といえると思います。相手から注目を集めたいタイミングでは、注目を集めることができ、周囲が自分を必要としていないと感じるタイミングには存在感を薄めることができる。目指すべきは、そんな人なのです。

この章では存在感を足したり引いたりしながら、相手にとっても、自分にとっても「居心地のよい」環境づくりについてみていきましょう。

1 落ち込んでいる人がいたらあえて放っておく

励ましやアドバイスは逆効果。相手を追いつめることも

フロアにおいて、皆の目の前で上司に怒鳴られているスタッフがいます。空気は張りつめ、そのスタッフは今にも泣きだしそうな顔をしています――。

あなたはそんなシチュエーションに身を置いたら、怒られているスタッフにどのような声をかけますか？　それとも何も声をかけませんか？

私はホテルのフロント係として勤めていた頃、ミスをしてしまい、顔を真っ赤にして、それでも職場を離れることができず、フロントに立ちつづけたことがありました。

そんなときに、さっと近寄ってきて、「代わるよ、オフィスで処理してきていいよ」と、私のミスや感情には触れずに、その場を離れさせてくれたやさしい先輩がいました。

きっと、皆の前で怒られたり、失敗してしまった人は、私と同じように、いたたまれない気持ちになり、早くその場から立ち去って気持ちをリセットしたいはずです。

そのような人に対しては、**リセットをする環境をつくってあげる**のが大人の気遣いです。

「ちょっと○○の件で話したいんだけどいい？」と、その場から連れ出すのもよいでしょう。こちらの都合で呼び出しているようなニュアンスで、その場から出る口実をあげるのです。

そして、そのときには**励まさないのがポイント。**

本書がリーダーシップをテーマにした本であれば、また違うアプローチになるのかもしれませんが、お伝えしているのはさりげない大人の気遣いです。

「元気出して」

「またがんばればいいよ！」

そんなふうに励ましてもらったほうは、逆に気を遣って「はい」と元気なフリをするしかありませんよね。それに、「もっとこうしたらいいよ」「じゃあ次はどうする？」などの相手のアドバイスを受け入れられるのは、時間が経たないと難しいものです。

成功談ではなく失敗談、自慢ではなく笑い話を

もちろん、話を聞いてほしそうな人には聞いてあげることが大切です。

気持ちをリセットできない人の多くは、自分の言い分を誰も理解してくれないという思いがあるものです。

反対に、口を開くことに躊躇しているような人には、自分の失敗談や最近の笑い話をしてあげると、ポツリポツリと本心を話してくれるものです。

「私だったらこんなふうにしたなー」といった自慢話や成功談は厳禁。より惨めな

気持ちにさせてしまうからです。

1人でそっとしておいてあげるのも有効でしょう。呼び出しておきながら「私、時間を潰してオフィスに戻るから、落ち着いたら戻っておいで」なんて声をかけたら、相手はその粋な対応に痺《しび》れるのではないでしょうか。

同性同士ならではの抱きしめマネジメント

これはセクハラになりかねないので安易にオススメできませんが、私は同性の後輩が落ち込んでいるときには、何も言わずに思いっきりハグをすることもありました。

するとボロボロと泣き出したり、笑顔になったりするのです。こちらが心配する気持ちは伝わるのだなと感じました。

自分の過去を振り返ったときに、本当につらいときに強く印象に残っているのは、励ましてくれた人というよりも、ただ側にいてくれた人だったりします。そのありがたさは後からじわーっとくるもの。

オフィス内で落ち込んでいる人を見たら、興味本位でどうしたのかを聞いたり、励ましたりしてはいけません。「がんばれ」「元気出して」は時に相手に気を遣わせてしまう言葉であることを覚えておきましょう。

仕事をカバーしたり、外へ連れ出したり、あえて笑える別の話をしたりするほうが、相手にとっては救いになります。

時には思いっきり落ち込ませてあげることもやさしさです。**気分転換できる環境を整えてあげる**ことこそ、大人の気遣いです。

2

声の大きさよりも効果の大きいあいさつ

元気なあいさつをすればいいというものではない

皆さんは、朝どれくらいゆとりを持って出勤されていますか。

電車に乗っていても、遅延のアナウンスを聞くだけでイライラとした様子の方、エスカレーターの列に割り込もうとする方など、大人の気遣いには程遠い朝の時間を過ごしていらっしゃる方を見かけます。

「一日の計は朝にあり」ということわざをご存じでしょうか。1日の計画や準備は朝の早い時期に整えるべきであるということです。

朝、バタバタとオフィスに駆け込んでくればあいさつもおろそかになり、気持ちを落ち着かせるための時間も必要になります。昨日終わらなかった仕事があったり、返せていないメールで頭がいっぱいの人は、準備も早々に業務に入らなければなりません。

実は、私自身、朝が苦手でした。

どちらかというとギリギリまで寝ていたいタイプで、20代はバタバタと朝を過ごすことも多かったです。始業時間直前に会社に駆け込めたとしても、そのバタバタ感や、周囲に対する気まずさを知らず知らずのうちに1日引きずっていることを感じていました。

やはり、社内で1日を気持ちよく過ごすためには、「はじまり」を大切にしたいものです。

社内で一番に出社している人がしていることとは？

皆さんのオフィスのコピー機の電源を入れているのは誰でしょうか。花のお水を替えているのは？

その時々に気づいた人がやっているのでは？　と思われた方は、もしかしたら周囲の方の大人の気遣いに気づいていないのかもしれません。

ゆとりを持ってオフィスに出社している方には、ルーティン（決まった動き）があるものです。

自分の身のまわりのことだけでなく、オフィスの皆のためにできることを行っているのです。当番で決まっていることをやるのはルールであり、気遣いではありません。

そもそも、最初に出社したとしたら、皆さんはどうしますか？　当たり前のようにオフィスの電気をつけたり、エアコンをつけると思います。他の誰かのため、というよりも自分のためでしょうが、後で出社してくる人にとっては、それはありがたい気遣いとなります。

時間に余裕があるので、自分にＦＡＸが届いていないか気になれば、ついでに他の人に届いたものも振り分けることもできるでしょうし、お化粧室へ行ったついでに給湯室に寄ってお湯も沸かすかもしれません。そして、そうした気づきの連続がそのうち習慣になるのです。

「あなたの存在を重視しています」というメッセージつきあいさつの2つのコツ

次にあいさつについてです。

「元気なあいさつは大切！」ということを私たちは子どもの頃からインプットされ続けてきましたが、いつもいつも元気に声を張り上げる必要はありません。

他人にとっての心地のよさ、そして自分にとって仕事をしやすい環境をつくるために必要なあいさつは、「あなたの存在を重視していますよ」と感じさせるものです。

そのためのポイントは2つあります。

1つ目は顔を上げて目を合わせることです。

「なんだそんなことか」と思われる方もいるかもしれませんが、これがなかなか難しい。作業をしているときにあいさつをされたら、顔を上げ、その人のほうを見てあいさつを返していますか？　ついついパソコンに目を落としたままあいさつをしてしまうこともあると思います。そして、目を見ずにあいさつをされた側は、意外とそれを覚えているのです。

日中のさまざまな声がけに対し、顔を上げずに行ってしまうことはあると思いますが、朝一番だけは「1日よろしくお願いします」の気持ちを込めて顔を上げる手間を惜しまずにいきたいものです。

2つ目はあいさつの頭に名前をつけることです。

目の前にその人しかいなければ、「おはようございます」だけでも、誰に言っているかは伝わります。それでもあえて「山田さん、おはようございます」とつけるのです。

心理学的なテクニックですが、それによって相手はあなたに存在を認められているように感じ、好感を持ちます。人は不特定多数の人に発せられた言葉は無視できるのですが、自分に発せられた言葉を無視することはできません。

本来であればあいさつだけでなく、日中に話しかけるタイミングにも名前をつけたほうが、お互いにとって心地よい関係になります。

気遣いはゆとりからしか生まれません。経済的なゆとりに差はありますが、時間のゆとりは皆さんの努力次第で生まれるもの。

私も接客業というイレギュラーなことが多い仕事に就いていたからこそ、自分でコントロールできる朝くらいは余裕を持とうと決意し、少しずつ変わることができました。

ゆとりのある出勤で、誰かがやっているオフィスの準備をすること、そして顔を上げてあいさつをすることで、自分にとって居心地のよい環境を整えましょう。

3

ちょっとしたメモや伝言に魔法をかける

単なる業務連絡を潤いのあるコミュニケーションに

オフィス内で何かを伝えたり、渡したりしたいときに、相手がデスクにいないことはよくあることです。そのときに皆さんはどんな書き置きを残していますか？

「要閲覧」「○○様より着信あり。折り返し要」など最低限の情報共有で済む業務連絡を、もっと潤いのあるコミュニケーションツールに変えることができます。

大人の気遣いができる方は、**相手が思わずクスッと和《なご》むメモ**を残されます。最近では、ポストイット自体にかわいいイラストが入っているものもたくさんありますが、いつも用意しておく必要はありません。

伝言においてわかりやすさは重要なので、伝言はそのままに、自分の名前の横にちょっとしたイラストを添えるだけでも印象は大きく変わります。私は決して絵が上手ではありません。それでもネコくらいは書けるので、名前の横にネコマークや肉球の絵を書いたりします。

そのクオリティの低さに、メモを残した方に会ったときに、「肉球に笑いました」と言っていただき、会話が弾んだこともありました。

人からされて印象に残っているのは、私の作成した資料を読んだ同僚のことです。「マインド」が「インド」となっているタイプミスを見つけ、その資料を私に返却するときに、インド人のイラストを添えたメモを残してくれて大笑いしました。本来であれば、こちらが赤面してしまうようなミスを見事に笑いに変えてくれたハイセンスな気遣いです。

他にも、貸した物の返却に感想が添えてあったり、差し入れのリポビタンDに「元気が出る魔法をかけておきました」とポストイットが貼ってあったり。ただのメモに何度も元気をもらいました。

相手を気遣えば メモの内容も変わる

メモの内容にも気遣いのコツがあります。

相手が来客対応中や電話中に、別の緊急と思われる電話がかかってきた場合に、メモで判断を仰いだりしますね。そのときに、次のように「YES　OR　NO」の丸をつける欄をつくって渡します。

A社のB様から○○の件で至急話したいと電話。折り返しでいいですか？
YES　OR　NO

そうすれば、相手は手が離せないような忙しい状況下でも、丸をつけるだけなので意思表示できます。その場で、口頭で答えさせるような内容では、せっかくメモを使った意味がなくなってしまいますよね。

社外にも社内にも同時にできる気の利いた対応

また、不在の人宛の電話を取り、折り返しを申し出る際に、私は「差し支えなければご用件も併せて申し伝えますが、どのような件のお電話でしたでしょうか」とお聞きするようにしています。

なぜなら、「○○社○○様からお電話あり。折り返し要」と伝言を残されても、何の件かピンと来る方と来ない方がいるからです。前もって何の件かわかっていれば、その資料を手元に準備して折り返し電話をすることもできるので、相手方のためにもなります。

ちょっとした伝言内容の違いで、相手の仕事をスムーズにすることも、気持ちを和ませることもできます。

業務連絡を心地よいコミュニケーションに変える、大人の気遣いです。

4 まわりの全員に損をさせない自然すぎるタイムマネジメント

約束の時間や締め切りをストレートに伝えるのは気遣いではなく指摘

社内では朝礼の時間、ランチの時間、会議の開始時間、終業時間等、組織の一員として過ごすうえで決まっている時間がたくさんあります。

皆さんはその時間管理をしている側ですか？　されている側ですか？

「え？　そんなこと考えたことない」、あるいは「会社の決まりに合わせているだけ」と思われた方が多いのではないかと思います。しかし、よくよくまわりを観察してみると百人百様、さまざまなタイプがいることに気づきます。

「朝礼やるぞー」と言われ席を立つ人、会議にバラバラと向かいはじめた人を見て動きはじめる人もいるでしょう。あるいは、しっかりと自分の時間管理ができているからこそ、そうではない人たちを見ていらだつ人もいるかもしれません。
大人の気遣いができる人はそのどちらにも入りません。

「やだ〜、もうこんな時間！」という時間管理

私がデスクを置かせていただいているクライアント企業のある女性社員さんは、朝礼や会議の時間の少し前になると「やだ〜、もうこんな時間！」と声に出して、支度をはじめます。

ランチの前には「何を食べようかな〜」と呟いたり。

仕事の目処をつけられず帰れない人の前では「全然終わってないけど、もう今日は終わり終わり〜」と自分もキリをつけて帰ることを言葉にするのです。

その対応は本当にさりげなく、おそらく言われている人たちは気づいていないと思います。

私も最初は気づかなかったのですが、あるとき、その方の声でいつも自分が動き

はじめていることに気づいたのです。そして、それはすごいタイムマネジメントだと思いました。

オフィスの中には気遣いのつもりで「朝礼の時間ですけど、まだやらないんですか？」「今日、締め切りなの覚えていました？」と、声高に言う人はいます。

しかし、その共有の仕方は「気遣い」ではなく「指摘」と感じさせてしまうかもしれません。

他人が損しないようにしてくれる独り言キャラ

時間管理の感覚は人によって違います。

冒頭に書いた通り、皆が動きはじめるまでじっとしている人もいれば、自分だけきっちり管理をしているけれども他人の動きを気にしなかったり、時間通りに動かない人にいらだつ人もいます。

前項の女性は、そのどれでもなく、**しっかりと時間管理ができているのにその正**

しさを押しつけることなく、放っておくこともしない。皆が損をしないようにさりげなく知らせていたのです。

会議のときの準備品や、その日の締め切りとされている提出物がある際にも使えるでしょう。

「今日って○○を持っていくんでしたよね？」「まずい！　年末調整の締め切り、今日までだった！」と本当は覚えているのに、周囲の人のために声に出すのです。

子どもの頃からテストの出題範囲や、持ち物など、要領よく自分の中で把握している優等生タイプはいましたよね。うらやましいな、と思ったものです。

気遣いのできる大人は、そうした要領のよさを自分だけのためには使いません。誰も損をしないように、独り言キャラを買って出る、そんな素敵な人なのです。

5 プレゼントは相手の周囲にいる人が喜ぶものを

特別感を出したプレゼントはいやらしさと誤解を生む

仕事をしている中でもさまざまな記念日がありますよね。上司の誕生日、バレンタインデー、ホワイトデー、歓送迎など、そのたびにプレゼントに頭を悩ませる方も多いのではないでしょうか。

特に皆さんの会社ではバレンタインデーはどうされていますか？　女性社員一同から男性社員に一律で同じものをあげる場合は簡単ですが、そういった風習がない場合は何をすれば正解なのかわからず、変な気を巡らせるものです。

私のいた会社でも、ついに「バレンタインデーの贈答禁止令」が出ました。女性社員側から「大変」という声が上がったのか、男性社員から「不平等」という声が上がったのかは定かではありませんが、さまざまな人の気持ちを配慮してのことでしょう。

私も含め女子社員の多くは「ラッキー」と思っていましたが、それでも、ちゃっかり「気持ちだけ」と準備している人はいるもので、準備していない側が気まずい思いをした年もありました。

それくらい社内のプレゼントというのはあげる側ももらう側も気を遣うものです。

では、どうしたら皆がうれしいプレゼントを差し上げることができるでしょうか。

自分が評価されるよりも、まわりが損しない振る舞いを

まずは、抜け駆けはしないということ。

上司にプレゼントをあげるために、内緒で呼び出してこっそりとあげることは、喜んでいただけるかもしれませんが、自分だけよい評価をもらおうとしているようでいやらしいと感じる人もいるかもしれません。

もし自分があげたいと思ったら、周囲の人に「連名であげませんか?」と声がけをすることです。でも、その際に誰が買いに行くか、予算はいくらにするかなどを話し合うのは面倒だと感じてしまうかもしれません。

そういったことを防ぐために、自分1人で出してもいいと思う金額のものを用意しておき、声をかける時点で「○○を用意しているのですが、連名でいかがですか?」と声をかけます。

私がある会社にいたときに、送別の花束を用意している様子がないことに気づいたことがありました。そこで、急いでお花屋さんに頼んで花束を用意し、「皆から渡しましょう! セレモニーだけ協力してください」とお願いをすると、皆から「気が利くね」と喜んでもらえました。

以前、後輩と一緒にご馳走になったお客様がいたのですが、次回お目にかかるときに、後輩がさりげなく御礼のプレゼントを用意しておいてくれたこともありました。「連名でいかがですか?」と声をかけてくれて、とても助かりました。

家族がいる人へのプレゼントのポイント

ご家族がいらっしゃる方に差し上げるプレゼントは、ご家族皆さんで使えるものにするのも1つの大人の気遣いです。

たとえば、奥様がいらっしゃる男性上司にネクタイや下着など、身につけるものを差し上げると、もしかしたらそれを見て気分を損ねてしまう奥様もいらっしゃるかもしれません。

ご家族がいらっしゃる方には、「会社の皆から誕生日プレゼントをもらったんだよ」と言う機会をつくってあげることが何よりのプレゼントなのです。

働いているお父さん、お母さんがプレゼントをもらってくることで、会社の皆さんから「大切に思われている」ということを家族は感じ取り、うれしく思ってくれるのではないでしょうか。

具体的には、お子様と一緒に召し上がっていただけそうな食品や、奥様とのデートに使ってほしい映画チケットなど、ご家族との素敵な時間をプレゼントすることを意識すると、失敗することはありません。

自己満足のためのプレゼントにしないために

働いていて一定の収入のある方にとっては、実用的なものをもらうことよりも、自分の大切にしている人たちが喜んでくれる物こそうれしいものです。

私が富裕層向けのホテルにコンシェルジュとして勤めていた際に、**お客様の立場が上のほうになればなるほど、自分ではなく家族や社員さんに対するプレゼントや気遣いを望んでいる方が多い**ということを実感しました。

せっかく気を遣ってプレゼントをあげても、周囲に不快になる人がいたり、ご本人に喜んでもらえなければ、それはただの自己満足で終わってしまいます。

「周囲の人も含めて皆がうれしい」という視点でプレゼント選びをするのが大人の気遣いです。

6 ささいな情報を大切にすることが相手と自分のためになる

反応をおろそかにすると情報が集まらない

皆さんの会社ではどのように情報共有をしていますか？

社内のネットワークシステムや古き良き紙面での回覧方式、最近ではチャットアプリのようなものを情報共有ツールとして使用する会社も多いようです。

情報共有も、ある意味気遣いの1つの形だと思います。ルールで決まっている報告書ではないけれども、相手のために耳に入れておいたほうがよいと判断したり、役に立つかもしれないと感じた場合に発信をしますよね。

「Just information」「FYI」（for your information）という言葉を聞いたり使ったりしたことはありますか？

ともに、「参考までに情報共有します」という意味ですが、とても気遣いの込められた一言です。「絶対に読んでね！」とは言わないけれども、相手のための情報をさりげなく共有しているのです。

さて、そんな情報共有をもらったときに、皆さんはどのような反応をしていますか？ もしかしたら、チャットアプリに投稿があっても「いいね」もせずに見て、終わってしまっていたり、閲覧資料に印鑑だけ押して回していませんか？

「ありがとう」以外の一言を

私のクライアント企業のある男性社員さんは、私の情報発信に対して必ず何かしらの反応をしてくださいます。朝礼でのスピーチ、会議中の発言、閲覧物に対しても、です。こんなふうに役に立ったとか、自分も同じような経験があったとか、その内容はさまざまですが、必ず「ありがとう」以外の一言がありました。

発信している側としても、ちゃんと見てもらえているだろうか、役に立っているだろうかと不安になりながら発信をしているものです。

SNSの発信をされる際も同じでしょう。人は反応がないことを続けるのは難しいものです。反応がなければ、いらない情報なのかと共有を止めてしまう人もいるかもしれません。

ぜひ、その情報に何かしらの反応をしましょう。こうして書くと簡単そうに見えますが、それができる人が多くはありません。**簡単なことをひょいっとするからこそ「さりげなさ」が際立つ**のです。

もし何かしらの役に立ったと思ったら、閲覧物にポストイットでメモをしてもよいですし、会ったときに一言伝えるのでもよいでしょう。アプリであれば「いいね」だけでも十分だと思います。そうすると相手がうれしくなるだけでなく、自分にも情報が集まりやすくなるのです。

私も先の男性社員さんに対しては、やはり何でも共有したくなる自分がいます。仕事をしていくうえで、特に立場が上になるほど、情報が入ってこないということは大きな障害になります。ささいな情報が集まりやすい人になることは、自分自身のためにもなるのです。

接客業界に欠かせない「Just information」

私がいたホスピタリティ業界でも、この「Just information」が多用されていました。

「○○号室のお客様はお誕生日です」と共有してもらえれば、お客様に「お誕生日おめでとうございます！」の声がけができましたし、時には「○○様、お待たせしてご立腹。解決済でケアは不要――」と情報共有があれば、自分が対応するときには丁寧さよりも素早さを優先するという選択もできました。

ささいな情報共有こそ、潤いのある仕事をするうえで重要なのです。これはコンサルタントとしての視点からですが、社員皆さんが主体性を持っていて、活発な企業というのはささいな情報共有が飛び交っているものです。

情報の集まりやすい人になるために、「Just information」にも何かしらの反応をする。相手も自分もうれしい大人の気遣いです。

7 恥をかかせないために、解決法を用意してから助けてあげる

感謝されるためではなく、相手に恥をかかせないために

社内でズボンのチャックが空いている人を見かけたり、スーツの襟が立ってしまっている人を見つけてしまったとき、皆さんはどうしていますか？

私も電車内で見かけたときには、「どうかどなたか彼の会社の人が声をかけてあげますように……」と祈りながら見送ったこともありますが、社内だったらそうはいきません。お客様の前へ行く前に、気づかせてあげたいと思うはずです。仲のよい同性であれば耳元で「チャック」と伝えたり、襟を直してあげることもできるかもしれませんが、異性となるとそうはいきません。

特に、女性のストッキングが破れていたり、洋服にタグがついたままのことに気

づいた場合、男性はどうすることもできずに困ってしまうのではないでしょうか。

失敗を伝える場合は、解決策を用意した後に

私が新入社員研修講師として入社式に出席したときに、とてもかわいいミスを発見しました。おそらくおろしたてのスーツなのでしょう。ジャケットの仕付け糸がついたままになっているのを発見しました。

まだリハーサルの段階で気づいたので、これは本番までに知らせたいと思い、私はハサミを借りてきました。そして、ある男性社員に「あの子の糸を切ってもらえませんか?」と渡しました。

その男性社員はとてもさりげなく、こっそりと対応してくださいました。新入社員の彼も顔を真っ赤にしながらも、何度も何度も頭を下げていた姿がまた初々しく、かわいかったのを覚えています。

彼に恥をかかせたくないけれども、女性の私に言われたら余計恥ずかしいだろう

と思い、行った判断でした。

そのときにハサミを用意したのは、「糸がついているよ」と言われても、ハサミを持っていない新入社員が困ってしまうだろうと思ったからです。若い力に任せて引きちぎっていたかもしれません。

また以前、外出先で女性の先輩のストッキングが破れていることに気づき、コンビニに寄って購入し、「使ってください」とお渡ししたこともあります。「こんなことされたのは初めて。感動した」と、とても喜んでいただいたことがありました。

そのときも、ストッキングの替えがない状況で言われても困ってしまうと思って行ったことでした。それ以来、自分のためだけでなく、他のスタッフのためにもストッキングのストックを用意するようになりました。

自分で自分のミスに気づいてもらう方法

また、自分で気づくチャンスをあげるというのも高度な気遣いでしょう。

ある講演先の控え室で、先方の担当者の女性と話していると、「今のうちにお化粧室に行かれませんか？」とお声がけいただきました。

そこまで行きたいわけではありませんでしたが、「では……」とお化粧室に行ってみてビックリ！　鏡を見ると行きの新幹線で頬張《ほおば》っていたドーナツの砂糖が口のまわりにたっぷりとついていたのです……。顔から火が出そうでしたが、その女性のさりげない気遣いに感激しました。

相手に恥をかかせないために知らせたいけれども、言われた相手がその場でどうすることもできないのであれば、解決できる方法を用意してから声をかけることが、一歩進んだ気遣いです。

私たちの目的は感謝をされることではなく、本人に恥をかかせずに気づいてもらうことですからね。

8 あえて行動のタイミングを、相手とかぶらないようにする

「いつも、皆で一緒に」では本当の協調性は生まれない

皆が同じ時間に出勤をして、同じ時間にランチを取るようなスタイルのオフィスでは、エレベーター渋滞やトイレ渋滞は日常茶飯事ですよね。トイレにいれば他の社員がワラワラと入ってきます。そこでの会話もよいコミュニケーションになっているというならばいいと思いますが、基本的に「混んでいるのが好き」という方は少ないでしょう。

私が、あるクライアント先に定時で出勤したときのことです。

ほとんどの方が始業までの時間にトイレや飲み物の準備などの身支度を整える中、1人の女性社員さんだけは出勤するとすぐに除菌ティッシュで手を拭いて、早々に

メールの返信をはじめました。そして始業時間になってから、ようやくトイレに立っていたのです。

よく考えてみると、そのオフィスで、朝トイレに行くとだいたい同じメンバーの行列になりますが、その方とは会ったことがないことに気がつきました。

そして、別の日にはトイレのすりガラス扉越しにその方の影が見えたのですが、スッとデスクに戻られたこともありました。私が席に戻ってからトイレに向かわれたのを見たときに、トイレというプライベートな空間の中で人と重ならないように気を遣ってくださっていたということを知ったのです。

不思議だなと思うのが、オフィスでは仲良く話している相手でも、トイレで会うのはなんだか気まずいものです。用を足す音を気にしてしまったり、お化粧直ししている姿を見られるのは恥ずかしいからでしょうか。

相手と時間をずらすことで、互いの時間に余裕が持てる

私たちは小さな頃から何をするにも「皆一緒に！」という協調性に重きを置いた教育を受けてきました。休憩の時間もお昼の時間も一緒です。ある意味、それはいろいろな人が一緒に生活する中でのルールのようなものでしょう。

しかし、**大人になった今、何でも一緒にすることがよいとは限りません。**

会社として特にルールがないのであれば、他の人とタイミングをずらして行動することが、お互い気持ちよく過ごすために必要な気遣いになるのです。

また、行動をずらすことによって、無駄な待ち時間をなくすことができて、余裕も生まれます。社内だけでなく、外にいるときもエスカレーターの行列を避けて階段を使うなど、混雑を避けるだけでできる気遣いはたくさんあります。

なんとなく他の人と同じタイミングで行動してしまっている人は、明日から何かずらせるものがないか考えてみると、よい発見があるかもしれませんね。

9

酒席ですべき気を遣わせない気遣い

「楽しさ」は人によっては押し売りに感じる

先日、研修で「飲みにケーション」と口にしたところ、「死語です」とつっこまれてしまいましたが、親睦を深めるために、形を変えながらも続いているのが社内の飲み会。

仕事の場を一歩抜け出すと、その役割は社内と変わってくるから面白いなと思います。端っこで触れられたくないオーラ全開で黙々と周辺の人の話を聞いている人、急にテンションが上がり飲ませにかかる人、自分は飲めないアピールをしてつまらなそうにする人。

いろいろなタイプの方がいると思いますが、お酒が飲める人も飲めない人も、周囲に気を遣わせずに、一緒に楽しく過ごせるのが一番ですよね。

気遣いを「自分のため」であることをあえて表明

コミュニケーションのきっかけとしてお酌をすることがあると思います。

私は古いと言われてしまうかもしれませんが、せっかくその場で一緒に飲んでいるのに、決まった人としか話さないのはもったいないと感じてしまうほうなので、お酌をしに回ることもあります。

お酌をするときに「自分でやりますから」と相手に気を遣わせない方法は、「自分が飲みたいから注いでいるだけですよ」「1杯だけ注がせてもらえたら気が済むので」と、自分のために注いでいることをアピールすると笑って注がせてくれるのです。

また、職業柄、空のグラスに気づいてしまうことが多いのですが、そのときはメニューのドリンク欄を開いてこっそり渡すと、周囲にも「気づかなくてすみません……」と気を遣わせずに、お代わりを促すことができます。

逆にお酒が飲めなくて断りたい方であれば、「飲めない体質なんです」と体質のせいにすれば無理強いはされないでしょう。

しかし、その場を盛り下げたくないと思ったら、**「私、ウーロン茶で酔えるので！」とか、「お酒なしでも誰よりも楽しんでいます！」という楽しい気持ちを表現する**と「自分たちばかり楽しんでしまって申し訳ない」と感じていた他の方も安心します。

本音トークは後輩や部下ではなく目上の人へ

コミュニケーションの内容は、お酒の場ということもあり、ついつい普段はできない話をいろいろな人に振ってしまいがちですが、恋人の有無といったプライベートに関することや、会社が抱えている問題点についての本音トークなどを振る相手は、目上の人にしたほうが無難です。

振られたら答えざるを得ない後輩や部下にそういったテーマを振ると、空気を壊したくないという思いから、嫌でも答えてくれることが多いと思いますが、「本当は言いたくなかった」と不快に思う人もいるのです。上司であれば、面白がって話してくれるか、煙に巻いてくれるかのどちらかでしょう。

また、互いに牽制がはじまるのが二次会を決めるときです。個別に「行く?」と聞かれると、他の人の参加率が気になり答えられない人も出てきますし、一次会の終わりに「これから二次会に行く人は?」と全体に対して聞かれたら「帰ります」とは言い出しにくいものです。

もし、皆さんが行く側であれば、「二次会は○○部長と△△に行きますので、来たい方はどうぞ!」と出欠については触れずに声をかけてあげてください。本当に行きたい人だけが来てくれるでしょう。

お酒の場は弱い立場の人にこそ、気遣いをしていきたいですね。

第2章

関係を深めて成果に繋げる顧客への気遣い

―接客・訪問

1
相手の気遣いやもてなしは素直にお受けし、感謝する

「お構いなく」に対して、相手は「お構いなし」にできない

こんなシーンはありませんか?

ある打ち合わせに、パートナー企業の方がお見えになることになりました。

いつも自分と先方の担当者だけでのやりとりなので、その日も小さめの会議室で資料を1部用意して待っていると、なんと、「今年最後なので」と、先方の部長や社長も一緒に来社されたのです。あわてて広めの会議室を押さえ、上司もなんとか捕まえることができ、あいさつをしてもらいました……。

イメージするだけで冷や汗をかいてしまいそうなシーンですよね。

相手企業にとっては、「お気遣いいただかないために……」というつもりで事前

に言わなかったのかもしれませんが、迎えた側としては「言っておいてほしかった……」という気持ちになってしまいます。

訪問する際は、どの役職者と何名で行くかを事前に伝えておいたうえで、どのようにに迎えてもらうかは相手方が判断すればよいのではないでしょうか。一般的には、会社訪問される側も、いらっしゃる役職者と同等のメンバーで出迎えたいと考えるものです。相応の会議室を押さえたり、資料の準備もあるでしょう。

これはビジネスシーンに限ったものではなく、急な自宅訪問などにもいえることです。相手に「気遣いは不要」と伝えたり、気遣いをいただかないために急な訪問をしたとしても、相手は粗末な対応をしたくなかったとがっかりするかもしれません。

本当は美しくない「辞退する美学」

日本には昔から「お構いなく」と謙遜する文化があります。

しかし、その「お構いなく」はどこかパフォーマンスで言っているような印象があります。本当に構ってほしくなければ、最初からすぐに失礼しなければいけない理由を伝えておくほうが相手のためですよね。

もてなしていただいたときには、ありがたくもてなしに甘え、長居をしすぎないほどよいタイミングで「ありがとうございます」と切り出し、失礼するほうが気持ちのよい関係といえます。

これは気遣いすべてに通じることですが、相手の申し出に対し、「いえいえ」「お構いなく」「結構です」と辞退する美学がありますが、私は**してくれたことに対しては「ありがとう」と喜んで甘えることが思いやり**だと思います。

会社訪問をするときには、何時頃、何名で、どんな用件で伺うかを事前に伝えること。相手がもてなしてくれたことには辞退せずに、ありがたくお受けすることが本当の気遣いです。

2 訪問や会話で相手が困らない切り上げ方

お客様に対して「そろそろ帰ってほしい」とは言えないから

お客様企業に訪問したあなた。

担当者との打ち合わせが盛り上がり、次のアポイントに向かわないといけない時間になってしまいました。

そのときに、どのように切り上げますか？

私は今まで、時計をチラチラ見ながらものすごい汗をかいている営業マン、唐突に「そろそろ！」と切り出す方などを見てきましたが、どちらも「あ！　帰りたかったのね！　ごめんなさい」と、こちら側が申し訳ない気持ちになってしまうものでした。

では、切り上げたいときにはどのようにすればよいのか。**こちらのせいで長居し過ぎてしまったというスタンスで切り出す**のです。

「お話が楽しくてあっという間にこんな時間ですね」

「すみません、◯◯さんが聞き上手なのでついつい話し過ぎてしまいました」

このように言われれば、自然とお開きになりますし、言われた側も嫌な気持ちはしません。

訪問された側は言いたいことが言えないもの

一般的に集中力の限界は45分と言われています。相手が何も言わないからと長居をしても建設的な話し合いがいつまでもできるわけではありません。

もし、どうしても長い話し合いになりそうな場合は、訪問先の相手のその後の予定を確認したうえで、だいたい45分くらいのキリがよいタイミングで「お化粧室に行きたいので休憩にしませんか？」と切り出すのも1つの気遣いです。

集中力のためだけでなく、相手は電話をしたい案件や、誰かに伝言を頼みたい案件を抱えているかもしれません。

訪問した際は、気持ちのよい切り上げ方をすること。長くなる際には休憩の時間を提案すること。

訪問された側はなかなか言いたいことを言えないものです。訪問者である、こちら側がこっそりと時間管理をするのが、社会人としての気遣いです。

3

お客様には来たときと同じ状態でお帰りいただく

お土産や資料は渡すのではなく、送る

来社されたお客様に、参考資料であるたくさんのパンフレットと「会社の皆さんで召し上がってください」と大きな手土産まで渡したとき、もしかしたらニコニコと満足しているのは渡した側だけかもしれません。

昔から、手ぶらで来たお客様に対し、手一杯のお土産を渡して帰っていただくことは、もてなしの気持ちを表現するわかりやすい手段でした。

しかし、お客様は本当に喜んでいるのでしょうか？

もしかしたら、その後も2件の他社への訪問を控えているかもしれません。そのときにたくさんの荷物を抱えて行くわけにはいかず、一度自社に戻らざるを得な

かったり、時間がなければこっそりとコインロッカーに預けている方もいるかもしれません。

重さではなく軽さを与える

以前、保険の営業マンとカフェで商談をしたときのことです。A3判くらいのファイルで説明を受けていたのですが、それが終わると営業マンは「ファイルは重たいので、本日中に宅配で送ります」と提案してくださいました。私は、そのお気遣いの素晴らしさに感動しました。

客室乗務員時代の同僚宅に遊びに行ったときには、帰り際に「リンゴを自宅に送っておいたよ～」と言われ驚いたこともあります。その日は夕食の約束があったので、もし渡されていたら、リンゴを持ってレストランへ行くことになっていたでしょう。

これはホテリエ時代から染みついた考え方ですが、**お客様には来たときの状態の**

まま帰っていただきたいと思っています。お客様は自分にとって心地のよい状態で家や会社を出られているはずなので、お帰りの際も、できるだけその状態に近づけたいという気遣いです。

仕事とは離れますが、結婚式でも、せっかくドレスアップして華奢《きゃしゃ》なバッグを身につけて出席しても、引き出物の大きな紙袋を抱えてアフターパーティーに行くのはあまり格好いいものではありません。最近では自宅への配送券をつけている新郎新婦も増えてきました。

重たい資料をたっぷり渡したり、大きなお土産を渡すのではなく、「送っておきます」とさりげなく伝える気遣い。

それが難しいときには、お渡しする物が入るサイズの紙袋を必ず一緒に渡すこと。封筒を手持ちで持ち帰らせることがないように、いくつかのサイズの紙袋をストックしておきましょう。

4 情報を伝えるときは、相手に合わせてカスタム

重さより軽さ、量より質

皆さんは、プレゼンテーションは得意ですか？　次のようなシーンをイメージしてみましょう。

あるビジネスマンは、お客様にたくさんのことを伝えたいという強い気持ちから、限られた時間の中で多くの要素を説明しました。そして、資料もたっぷりと準備し、お渡しして帰ってきました。手ごたえはありましたが、その後何の音沙汰もなく、プレゼンテーションは失敗に終わった様子……。

あるある的なエピソードですが、何が悪かったのでしょうか。

おそらく、情報が多すぎて何も印象に残らなかったのかもしれません。たくさんのことを伝えきったこちらだけが満足していて、お客様には要点が伝わらなかったのでしょう。

相手の理解度を深めるためのアシスト

私は金融機関の窓口担当者の覆面調査員をしていたことがあります。

たとえば「投資信託」など、ある決まったテーマに対し、どのような手順で、どのような資料を使いながら説明していくかの「対応力」を見る調査です。

評価の高い担当者の共通点は、説明と資料が「わかりやすい」ことです。

お客様の理解のペースを確認する質問を投げかけながら、マーカーやペンを駆使して説明をします。ある程度の段階までいくと、今までの説明を要約したまとめが入ります。そして帰る際には必ず、その日に話した重要な部分に付箋を貼った資料を紙袋に入れて渡すのです。

帰って見返そうとしたときには、どこを見れば今日の話が思い出せるのか、重要なポイントがどこにあるのかが一目瞭然です。

忙しい現代人に、活字たっぷりの分厚い資料を渡して「読んでくださいね」と言うのは効果的ではないだけでなく、親切ではありません。

相手に読んでほしい部分や、重要な部分に付箋を貼ったり、マーカーを引いたり、そのお客様用にカスタムして渡すことが忙しい相手への気遣いなのです。その箇所を手がかりにして、すべての資料に目を通してくださるお客様もいるでしょう。

私は本の取材に協力してくださった方へ献本をする際には、その方のことを書いた場所にポストイットを貼って、すぐに見つけられるようにしています。

気遣いというのは、相手が心地よい状態をつくるものです。その効果は仕事の成果として表れることも多いでしょう。

忙しい相手には「情報を絞る」というのも、大切な気遣いです。

5 初めてのお客様がスムーズに来社し、お帰りいただくために

エレベーターの扉が閉まるまで頭を下げることよりも大切なこと

皆さんは初めて訪問する会社に行く際に戸惑った経験はありませんか？　地図を読むのが苦手で田舎育ちの私は頻繁にあります。

東京メトロの駅では出口によって目的地までの所要時間が大きく変わってしまいます。また、「○○社のロビーに待ち合わせ」と言われても、そのロビーが2階にあったり、商業施設と一緒になっているビルでは、商業施設の入口とオフィスの入口が違ったりして、警備員さんに教えていただくことは日常茶飯事です。

ようやくオフィスの入口にたどり着いたときに、部署名が記された電話帳を前に、「はて、担当者さんはどこの部署に所属しているのだろうか」とパソコンのメール

を開いたことも……。

準備不足な私が悪いと言われてしまえばそれまでなのですが、さすがだなと感じる気遣いをしてくださった企業さんがありました。

私のような講師と企業をマッチングさせる講演講師紹介会社P社さんは、初めて訪問するときに、駅から徒歩1分にもかかわらず、最寄り駅の出口番号から会社入口までのわかりやすい道順の説明と地図を添付してメールをくださいました。

そして、入口に着くと電話機の横に「菊地様　お待ちしておりました。到着されましたら○番○○までお知らせください」という札が立っていたのです。

お客様が知りたいのはスムーズに行く方法と帰る方法

今はグーグルマップなどのアプリをスマートフォン上で当たり前に使用できたり、会社のHPにアクセスマップが貼ってあることも多いと思います。

それでも、初めてのお客様にはメールや電話でのやりとりの時点でアクセスの方法や到着時の連絡手段を伝えておくことは大切な気遣いです。

またお帰りの際にも、エレベーターまで見送りながら、帰りの方向を確認して、最短で行ける道順を教えて差し上げることも親切でしょう。

自分たちには通い慣れている場所ですが、お客様には慣れない場所で、皆さんと別れた瞬間に必死に駅までのマップや乗り換え案内を開いているかもしれません。

エレベーターが閉じるまで、お互いに頭を下げ続けるマナーよりも、**初めて来てくださった相手にとって重要なのは、その後スムーズに帰る方法**です。

お客様はちゃんとたどり着けるか、そして皆さんとお会いできるか、不安な気持ちでいらしています。

その気持ちを汲み取るのは、招く側に必要な気遣いです。

6 名刺交換のマナーよりも大切にしたい目と耳

相手の顔を見ないくらいなら名刺なんていらない

新入社員研修で一番練習に時間がかかるのが名刺交換です。

名刺交換に関しては本当にさまざまなマナーがあり、さらに受け取った後の置き場所など、諸説答えがあるものもあります。

教えている立場でこのようなことを申し上げてはいけないのですが、名刺を相手自身だと考え、丁寧に扱うことを怠らなければ、細かいマナーはどうでもよいと思ってしまうことがあります。

なぜなら、形ばかりに気を取られていて、もっと大切なことがなおざりになってしまっている場面を散見するからです。

名刺交換の儀式化で失われたもの

まず、到着早々相手がカバンを置いてもいないのに、名刺を持ってグングンと寄っていらっしゃる方がいますが、会った瞬間に名刺交換をしなければいけないというルールはありません。

すべての気遣いにいえることですが、相手の状況を見て判断することが大切です。最初はごあいさつだけにして、相手が椅子や床に荷物を置いて、身支度が整った段階で「改めまして担当の～」とはじめても遅くはありません。

また、名刺を受け取ると、名刺に目を落としたまま「よろしくお願いします」と言いながら下がっていく方がとても多いことも気になります。相手の目を見てあいさつができないくらいなら、名刺はないほうがよいのではないかと思ってしまいます。

渡すこと自体が目的ではなく、**相手に自分がどういう者なのかをわかってもらう**

ことが、名刺交換の本来の目的なのです。

相手のペースありきで行うことが名刺交換のツボ

江戸時代の武士には名刺はありませんでしたが、しっかりと目を合わせながら「拙者、松平左京太夫が家来にて、馬廻役を仰せつかっている山田官兵衛と申す者でござる。以後お見知りおきを」と誰に仕えている（○○会社の）、○○役の（部署・役職）、○○（名前）と、現代と同じように名乗っていたのです。

もしかしたら、**名刺のないその頃のほうが、しっかりと名乗り、相手の言葉に耳を傾けていた**のかもしれませんね。

名刺交換の目的は互いを理解し合う自己紹介ということを忘れずに、相手のペースに合わせたタイミングで行いましょう。視線を合わせて行い、終わった後には名刺の内容に触れながら質問をしていくことが、よいビジネス関係につながる大人の気遣いです。

7 お客様が楽しんでくれるオフィス内の彩り

形だけのおもてなしになってない!? 飲み物の提供

皆さんの会社ではお客様が来社された際には飲み物を提供していますか？

提供するものが決まっている会社も多いとは思いますが、バタバタとあわてていらっしゃったお客様に温かいお茶を提供したり、コーヒーの飲めないお客様にコーヒーを提供することは、これこそ形式だけの気遣いになってしまいます。

嫌なら飲まなければいいじゃないかと思う方もいるかもしれませんが、お客様は出されたものは飲むことが気遣いだと思っているので、嫌でも口をつけてくれます。

せっかく提供しているのであれば、喜ばれるものにしたいですね。

まずは冷たいお茶、温かいお茶くらいは選んでいただけるように準備しておきましょう。

最近では冷温両方で使えるティーバッグもあります。お客様によって体感は違うので、冬だから温かいものと決めつけずに、お選びいただくのも相手にとってうれしい気遣いです。季節を感じていただくなら、春は桜茶などを用意すると会話にも花が咲くかもしれませんね。

次にコーヒーを提供する場合です。

私がある美容室でコーヒーを提供されたときのことです。「お砂糖とミルクはいかがですか？」と聞いていただいたので、「お願いします」と答えると、コーヒーの中に入れた状態で出てきました。

小分けのものがなかったのか、あるいは気を遣って入れてくださったのかもしれませんが、あまりうれしくありませんでした。なぜかというと、コーヒーによってミルクを入れたいときとそうじゃないときがあったり、お砂糖の量も違うからです。お客様自身に気分で選んでいただけるように、小分けのお砂糖とミルクを用意しておきましょう。

意外と受けがいいペットボトルとその配り方

そして意外に思われるかもしれませんが、お茶を陶器で1杯ずつ提供するよりも、ペットボトルのほうが喜ばれることもあります。

長時間の会議であれば、何度もこちらが出入りをしながらお茶を継ぎ足しに入ることもできません。また、大きなポットを1つ置いておくと、その会議内の誰かが気を遣わないといけないシーンが出てきます。

空のグラスとペットボトルのお茶をお1人ずつに配っておけば、皆さんがご自身のタイミングで継ぎ足しながら召し上がるでしょう。**ペットボトルだけですと、雑な印象を与える可能性があるので、グラスを添えるのがポイント**です。

実は私も講演先の壇上に水差しとグラスを用意していただくことがあるのですが、最近では**水差しよりもペットボトルの水のほうが安心して飲める**のではないかと感じています。

衛生面で考えても、手を加えたものよりも、商品そのままのほうが喜ばれることもあるということも意識しておきたいですね。

季節を感じるアイテムで会話もほころぶ

私が定期的に研修に伺う企業には、毎回楽しみなことがあります。

私に飲み物を出してくださる際に、季節を感じさせる折り紙が添えられているのです。梅雨の時期にはカタツムリや紫陽花、夏にはヒマワリなど、本当に凝ったものばかりで感動します。

折り紙は技術も時間も必要なものですが、たとえば、会議室に一輪挿しを置くことはそんなに難しくないでしょう。挿す花はわざわざ買わなくても、野の花で十分だと思います。また、四季に合わせて壁の絵を替えている企業もありました。

おしぼりまで提供する企業はあまりないかもしれませんが、私は以前、おしぼりにその季節に合ったアロマスプレー（夏ならミントなど）をプシュッとひとかけして、とても喜ばれたことがありました。

会社のものは簡単にいじれないという方は、ご自身の服装の中に季節を感じるものを入れてみてはいかがでしょうか。

あるコンサルタントの先輩は、クリスマスの時期はクリスマス柄、お正月はお正月の柄など、その季節に合ったネクタイをしてくるので、クライアントの皆さんと話が盛り上がります。

無機質なオフィスをおもてなし空間に変える簡単にできる気遣いがたくさんあります。四季のある日本だからこそ、楽しみながら、オフィスにも取り入れていきたいです。

8 メール最後の「よろしくお願いいたします」をやめると、心が通う

定型文とルールが相手との距離を固定する

メールというのは相手の状況に関係なく送ることができる便利なコミュニケーションツールです。

そのメールにもさまざまなビジネスマナーがあるようですが、マナー通りに書けていても、そこに人間の温かみを感じなければ、単なる情報伝達手段でしかなく、潤いのあるコミュニケーションツールにはなれないと思っています。

確かに仕事上のメールはお礼状などと違い、わかりやすく簡潔であることが第一です。

しかし、情報をしっかり伝えたうえで、文末のちょっとした言い回しの違いを出

すことによって、温かみを感じていただくことはできます。

ホテル業界の人には普通でも、一般では驚かれること

人材紹介の営業職をしている私の友人がこんなことを話してくれました。

「いろいろな業界の人と接しているけど、ホテルの人はやっぱりすごいホスピタリティだねえ」とホテル出身の私に言うので、「どうしてそう感じるの？」と聞いたところ、「だって、メールにいつもこちらのことを気遣う文章が入っているの！」と意外な答えが返ってきました。

こちらとしては社内メールでも当たり前にやっていたことが、彼女にとってはすごい気遣いに感じていたのです。それくらい、メールは無機質で最低限の伝達をするものとして一般的に認識されてしまっているのでしょう。

「大変お世話になっております。（中略）引き続きよろしくお願いいたします」

よくある書き出しと結びのあいさつだと思います。

もし、**相手と一歩踏み込んだよい関係になりたければ、この「よろしくお願いいたします」をやめてみませんか。**

最後に「ご自愛ください」だけでもよいと思いますが、そこに「猛暑日が続いておりますので、外回りの際にはご自愛ください」や、「ようやく冬らしくなってきました。急な気温の変化にお風邪など召されぬよう、ご自愛ください」など、その時期に適した一言を添えるだけで、心の伝わり方が変わってきます。身体を気遣われて嫌な思いをする人はいないでしょう。

ルール違反と言われようが、「追伸」は効果大

また、一度結びの言葉を伝えたうえで「追伸」を活用するのもよいと思います。「追伸」は本来手紙で使うものです。一度結んでしまった文章に対し、「後からつけ足して書いています」というものなので、形式を重要視するビジネスマナーとしては、基本的に使用はNGとされています。

しかし、だからこそ親しさを演出するよいテクニックであり、親しい間柄のお客様やパートナーには気持ちが伝わるのです。追伸として書くのは、あくまでオマケ程度の内容です。

つけ足しなので、仕事の内容、感謝やお祝い、お悔やみの言葉は避け、「先日おすすめいただいたパン屋さんに行ってきました。美味しかったです！」や、「冬休みで食べ過ぎて身体が重いです」など、自分のちょっとした近況を書くとチャーミングに伝わります。

「次回までさようなら」を伝える締めのメール

また、相手に気を遣わせないように書いている「返信不要です」の締めくくりですが、私はここにも**日本人特有の謙遜をしているけれども、余計相手に気を遣わせてしまう感じがにじみ出ている**ように感じています。

マナー本を見ると、「返信不要」を一生懸命に丁寧に言い換えた敬語表現が書いてありますが、一方で「不要と書いてあっても返信するのがマナー」なんて書いてあったりもして、「なんだそりゃあ！」と頭を抱えてしまいます。

その言葉を使わずに、さりげなく相手にメールのやりとりの終わりを暗示することはできます。

近いうちにまた連絡する予定のある方であれば、「また○○の際には、こちらからご連絡いたします」「お互いよい週末を過ごしましょう」と言えば、「そうですね」と返していらっしゃる方はいないでしょう。

しばらく連絡を取る予定がない方には、「ますますのご活躍をお祈りします」「お元気でお過ごしください」という繁栄を祈るフレーズや、「またお目にかかれる日まで」という「次回までさようなら」ということが伝わるフレーズで思い切って締めくくってしまうほうが親切です。

仲を深めたいタイミングや、仲が深まってきたと感じるタイミングには定型文をやめて、心の伝わる、自分だけの結びの文章を考えてみましょう。社内文書と同じように、メールをただの情報伝達ツールから血の通ったコミュニケーションツールに変えることができる、文末の気遣いです。

第3章

すれ違いが消える異性を思いやる気遣い

†男女

1 男性と女性の気遣いのポイントの違いを意識する

男性に女性レベルの気遣いは期待できない

気遣いをしているはずなのに、思ったような反応が返ってこない。
気遣いをしてほしいサインを出しているのに、わかってもらえない。

これらは男女間でよく起きる気遣いのすれ違いです。男女間の気遣いを語るうえで前提としてお話をしたいのが、男性脳と女性脳の違いです。

昔から料理屋さんでは、板場をしきる男性板前長と、お客様対応全般やスタッフの日常的なことへの世話をする女将さんの組み合わせが一般的でした。

男性板前長は日々細やかな調理をするだけでなく、メニューの追求をしながら腕を磨いていく。女将さんはお客様が欲しているものを察しながら提供し、体調の悪そうなスタッフがいれば薬を渡したり、病院に行くように促したり、従業員のお母さんのような存在でもあります。

この役割分担は、当時の男女差別的な考えから生まれたもの……ではありません。男性は1つのことを黙々と集中して取り組むことに長《た》けており、女性はさまざまな情報を同時にキャッチしながら、相手の表情から何を望んでいるのかを察することに長けているという、脳内特性から生まれた適材適所の分担なのです。

それはどちらが良い悪いということではなく、**それぞれの強みを生かす自然な組み合わせ**です。

男性に気遣いを期待するのは互いのためにならない

相手の気持ちを察することが気遣いの第一歩だとすると、男性は気遣いが苦手な生き物です。

男女の被験者に対し、表情画像を見ながら感情を読み取る実験を行ったところ、男性よりも女性のほうが読み取る能力が優れているという研究結果が相次いで出ています。

だから、女性は子どもの表情の変化で、欲しているものを読み取ることができたり、男性の嘘を見抜いてしまうのですね。

女性の察する力の進化の理由は諸説ありますが、私が一番しっくりきたものは、女性は命がけで子孫を残すために、優れた種を特定する能力に優れているというものです。出産のチャンスというのは時期や回数ともに限られています。そうした条件下で優秀な種を見分けるために、よく観察したり、察する力が発達してきたのではないでしょうか。

また、男性が狩りに出ている間、残された女性たちは狭いコミュニティの中で協力しあって家事を行い、ツーカーで互いの思いを汲み取る必要がありました。

一方で種を残すこと（妊娠や出産）に関しては命の危機がないばかりか、多くを残すことを目的としている男性は、女性の粗探しをしません。発情さえすれば、余計なことに気がつかないほうが好都合だったと考えられます。

こうした考えを額面通りに受け取るならば、**女性同士ではできる、微妙な表情の変化を見て気遣いをするということを男性に求めるのは酷な話**となります。

髪を切ったことに逐一《ちくいち》気づき「素敵だよ」と声をかけてもらうことや、元気のないサインを出して「どうしたの？　元気ないね？」と声をかけてもらうことを待っていても、お互いのためにならないのです。

男性脳と女性脳に着目することで避けられるすれ違い

今では男女の雇用機会が平等になり、同じオフィスで同じような仕事をすることが一般的です。

しかし、男性と女性の脳は大きく進化しているわけではありません。お互いの気遣いのポイントの違いを認識していないと、よかれと思ってやったことが仇《あだ》となるなんてことが起こりかねません。

この章ではそんな違いに着目をしながら、男女がすれ違わない気遣いについてお伝えしていきます。

ただ、先に断っておきたいのは、女性だから女性脳、男性だから男性脳として単純に区切ることはできないということです。女性の中にも一部男性脳の人もいますし、男性の中にも一部女性脳の人もいます。そして、偏りはあるでしょうが、それぞれがさまざまな割合で混ざり合っていると考えるのが自然です。

この章ではわかりやすく、男性は○○、女性は○○と伝えますが、もしかしたら、その表現に違和感を持つ方もいるかもしれません（ちなみに私は男性脳ですが、女性脳的特徴も多く兼ね備えています）。しかし、その是非は置いておくとして、性別によって社会的役割が固定されることが多い現代社会においては、一つの意見として参考にしていただけるはずです。

2 先回りしすぎない、ベストなタイミングの気遣い

先読みはたびたび外れるもの

こんな話を友人女性から聞いたことがあります。

素敵だなと思っていた男性と初めてのデート。待ち合わせ場所に向かうと、彼はスポーツカーで待っていた。

わざわざドアを開けて乗せてくれて、車に乗ると温かいコーヒーが用意されていて驚いた。

映画館に行くと、寒いからと上着をひざにかけてくれたり、公園に行けばハンカチをベンチに敷いてくれたりと、彼なりの気遣いを尽くしてくれた。

「すごくがんばってくれて、いい人だね！」と言いかけた私をさえぎるように、彼女は次のような不満を漏らしました。

「俺ってこんなにレディーファーストができるんだ、というやさしさの押し売りって感じ！　面倒くさくなって、もう会っていない」と……。

これを読んでいるあなたが男性なら、なんて非情な女性なんだと思うかもしれませんが、女性はなんとなく理解できるのではないでしょうか。

レディーファーストが俺ファーストになっていない!?

ある婚活マッチングサービスが行った調査で、男性の気遣いで困った経験があると答えた女性が6割もいることがわかりました。その内容の第1位が過剰なレディーファーストだったのです。男性にしてみれば、気を遣っていることややさしさをわかりやすく感じてもらう行動の何が悪いのかと思うかもしれません。

しかし、もしかしたらそれはただの自己満足に陥っているだけの可能性も考えられます。

女性はその「わかりやすい気遣い」にうんざりしていることもあるのです。感受性の高い女性だからこそ、「さりげない気遣い」のほうに感動するものなのです。

では、そのさりげない気遣いはどうすればよいのでしょうか。

それは、**先回りしすぎない**ということです。

これは男女関係にかかわらずいえる、気遣いのポイントです。察して行動することが大切と言われる気遣いですので、先回りしなくていいの⁉　と意外に思われるかもしれません。

しかし、気遣いが思ったように相手に響いていないという方は、もしかしたらそのタイミングが早すぎたのではないかと疑ってみてください。先回りがむしろ計算高さを印象づけるのです。

冒頭の友人女性はこうも言っていました。

「私、映画館に着いたときは暑くてしょうがなかったのに、上着かけてきてさあ。女性が皆寒がりだと思ったら大間違いだよね」

もし先回りせずに、寒そうに手足をさすっているサインを出したときに上着を差し出したら、素晴らしい気遣いだったのに！　もったいないと思いました。

もしくは「寒くない？」と聞いてからでも遅くなかったですよね。

「これを欲しているんでしょ！」とわかった気になって、決めつけて行動することはありがた迷惑になる可能性があるのです。

あざといと思われる取り分け女子、賢い取り分け女子

レストランにおける料理の取り分けのシーンにおいても、先回りが計算高く見える可能性があります。

一昔前は取り分けてくれる女性は気遣いができて家庭的でよいなんていう意見もあったようですが、最近では「したたかさを感じる」という声や、「自分で勝手にやらせてほしい」という声も聞きます。

私はそんな賛否を議論しても何の意味もないと思うのです。

答えは「そこに一緒にいる相手がどうしてほしいか」によるからです。

私は初めて食事をする相手だったら、いきなり取り分けようとせずに相手のサインを待ちます。相手がどうしようか迷っているようなサインを見たら、「セルフでやろう！」と声をかけるか、「最初だけやるね！」と取り分けてあげればよいのです。男性でも、サッと取り分けようとする方には「ありがとう」と甘えています。

子どもは正直なので、自分がそのときに欲しくないものを渡されれば「要らない」とポイッとできますが、大人はそうはいきません。

欲していないものでも「ありがとう」と受け取ってくれちゃうからこそ、本当に望んでいるものか見極めないで渡すと、2回目のデートはなくなってしまうのです。

男性と女性は脳が違うから、自分がしてもらったらうれしいことがそのまま正解になるわけではありません。

気遣いは相手によって正解が変わるものです。

同じ女性でもレディーファーストをしてほしい女性もいれば、何でも一緒に決めたいと考える女性もいます。お世話焼きの女性が好きな男性もいれば、放っておいてほしい男性もいるのです。

自分の過去の成功体験や本で読んだ正解を鵜呑みにするなど先回りをしすぎずに、相手のサインをよく見ること。そのタイミングのちょっとの違いで余計なお世話から痒い所に手が届く気遣いになるのです。

自分がしたいことをするのではなく、相手が望んでいることをする。気遣いの基本ですね。

3 男性に話しかけるときは前置きをしてから

約束を守ってもらえることを前提にすると失望が大きい

先日、夕飯の片づけをしてくれている主人に「これは漆器《しっき》だから食洗器に入れないで、手洗いして拭いてね」とお願いしたところ「オッケー」と返事がきたので安心していたのですが、次の日になって食洗器を開いてビックリ！　漆器が入っていたのです……。

むくむくと沸き上がる「言ったじゃない！」と言いたくなる気持ちをグッと抑えて、「そっか、聞く準備ができていなかったのか」ということを思い出しました。

夫婦間やカップル間でよくある喧嘩に、女性の「言ったはず」に対し、男性の「聞いていない」というものがありますよね。

たとえば、「水曜日はいないから自分で夕飯を食べてね」ということを伝えたはずと思っていた奥さんが、水曜日の夜、旦那さんから「あれ？　今日の夕飯は？」とメッセージが来るようなシーン。奥さんには、「言ったじゃない！」という怒りとともに、「私の話を聞いていないのね」という悲しさも同時に襲ってきます。

でも、そこで怒ったり、悲しんだりするのは損です。

なぜなら、男性に悪気はなく、準備ができていないときは「聞いていない」生き物だからです。

男性は一度に複数の情報に対処できない

実はこれも男女間の脳の違いが関係しています。

女性脳は、起きてから眠るまで、脳の言語機能を休ませることがありません。会話に関しては、常に臨戦態勢なので、何かに気を取られていても、「あの件だけどさ」と急に切り出された会話を、最初の一字一句から聞き逃すことなく認識できるのです。

しかし、男性脳は、ぼんやりしているとき、言語機能を休ませています。だから急に切り出されても、その話を理解するまでに少し時間が必要なのです。

また、**女性脳は「今の会話」に使える脳の一次処理の場所が男性の20倍以上あると言われており、人の話を二重三重に理解できます。**ドラマを見ながら、電話で友人の愚痴を聞き、目の前の子どもに「宿題やりなさい」なんて小言を言うのは簡単なことなのです。

一方で、男性脳は、目の前のニュースを理解するだけで精いっぱい。テレビを観ていたり、他のことに気を取られている彼に話しかけても、まったく頭には入っていないのです。

すれ違いをなくすための3つのポイント

そこでビジネスの場でも使える、すれ違いを防ぐための女性から男性へのコミュニケーションのポイントを3つお伝えしましょう。

①短い前置きをする

テレビを見ている旦那さんに「水曜日なんだけど……」といきなり話しかけずに、「○○さん、ちょっといい?」と声をかけます。しっかりと向き合って聞いてほしい内容なら、視界に入ってこちらに意識を向けてもらったり、肩にポンポンと手を置いてから話しはじめるとよいでしょう。視覚や触覚も使うことでスイッチを切り替えやすくします。

会社の男性部下にも「この資料なんだけどさ……」と唐突に入らずに「今、話せる?」と声をかけて、聞く準備をしてもらいます。そうすれば、別のものに向かっていた意識を自分のほうへ切り替えてもらえます。

②結論から伝える

前置きが長すぎるとその内容に気を取られてしまい、最終的に何が言いたいのかわからなくなってしまいます。

私も男性脳なので、女性脳の人から「いやね、この前、山田さんの息子さんがお受験したらしいんだけど、結局どこもダメだったらしくて落ち込んじゃってさあ。旦那さんの協力がないからなんて愚痴っていたけど、私は子どもが一番かわいそうだと思うわ」という話を聞いても「何が言いたいの？」とポカンとしてしまうことがあります。

しかし、「私は受験するかどうかは子どもの意志を尊重したほうがよいと思うの」と結論から話してもらうと「受験に対する考えの話ね！」と頭の準備をしてから聞くことができるのです。

③メールには2つ以上の用件を入れない

基本的に1つのことにしか集中できない男性脳は、LINEやメールなどの1通のメッセージの中に、2つ以上の用件を入れられると、どちらか一方の用件に対してしか返答がこないことが多くあります。

どうしても忘れてほしくない内容や、返答が欲しい内容であれば、1つのメールには1つの用件にして、その話が終わってから次の用件を伝えるようにしましょう。

これは男性脳から男性脳でも、女性脳から男性脳でも使えるポイントです。

このポイントを見ると男性脳をバカにしているのかと言われてしまいますが、決してそんなことはありません。男性脳の1つのことに集中して考えを深めることができる特徴は、複雑な組み立てができたり、難しい世界観などの理解には長けているのです。

同時多発な「今の会話」が得意な女性脳だからこそ、悪気があって聞いていていないのではないという男性脳の特徴を理解し、伝え方の気遣いをしていきましょう。

4 男性脳には情報共有を求め、女性脳には共感を伝える

すれ違いは互いに求めているものが違うから

ある男性管理職の方から研修の際にこんな相談をされました。

「自分の部下の女性は本当に細やかなんだけれど、心配性なのか、何か不安な点があると逐一相談をしてくる。自分としてはとりあえずやってみて、いざと言うときに相談してほしいから困っています」

一方、ある女性管理職の方からはこんな相談をされました。

「男性の部下を持つことには慣れたけれども、細かな相談や報告がなく、ほとんどが事後報告で、対応しようにも手遅れになっている場合が多い。プライドが高いのか、私が頼られていないのか、どちらでしょうか」

このエピソードはまさに男性脳、女性脳の違いを浮き彫りにしています。

相談してくれない男、相談ばかりする女

男性脳は問題解決のために会話をするので、自分で解決できてしまうことをわざわざ事前に相談したりしません。その内容が多少不安であっても、とりあえずやってみて、どうしてもうまくいかなかったときに、信頼できる人に相談するのです。

しかし、この相談までのハードルは女性脳が考えるよりも高いのです。プライドが高く、自己完結することを目的としていたり、自己開示することが苦手な男性脳にとって、**相談は白旗のようなイメージがある**からかもしれません。

一方で女性脳は共感のために会話をするので、自分の中で「これでいいよね」という答えがあったとしても、失敗しないように事前に確かめるのです。言い換えれば「そうだね、それでいこう」と共感してもらえて、ようやく自信を持って前へ進むことができるのです。

こういった理由から、前述の男性上司は逐一相談してくる女性の部下の気持ちがわからなかったのでしょう。相談されすぎて困るわけではないのであれば、「そうだね」「それでいこう」と言ってあげることが女性脳への気遣いです。細やかな報告に共感してあげるのです。

また、前述の女性上司は細かな相談をしてこない男性部下から信頼されていないわけではないでしょう。いざというときに相談してくれれば、それは信頼されている証拠です。

しかし、相談が少ないことで仕事に支障をきたしてしまうことがあるのなら、こちらから具体的に確認をしましょう。

「大丈夫？」や「順調？」と聞いても、男性部下は自分が問題ないと思っていれば「大丈夫です」としか言いません。具体的に、「○○の件だけど、今どこまで進んでいる？」と聞いて初めて答えてくれるでしょう。

また、「必ず事前に相談してほしいというパターン」があれば、そのシチュエーションをしっかり伝えておくことも1つの方法です。

仕事でもプライベートでも起きやすいすれ違いへの対処法

これらはプライベートでも言えることです。

つき合っている男性から、「この前、会社で倒れちゃってさ。実は昨日まで入院していたんだよ」と女性が聞いたら、おそらく最初の一言目は「どうして言ってくれなかったの⁉」ですよね。

問題解決思考の男性脳としては、医師の指示に従い療養をすればよくなるということだったので、次に会ったときにでも言おうと思っていただけで悪気がなかったと考えることができます。

しかし、女性脳は常にさまざまなことを共感することで信頼関係を形成すると思っているので、私のことを信頼していないのね……と落胆してしまうのです。これも相談や報告の考え方の違いから起きるすれ違いです。

こういったことを防ぐためにできる気遣いは、**男性脳は女性脳に対し、解決でき**

てしまうことも、共有するということです。

言ったってしょうがないと思うかもしれませんが、女性脳はその言ったってしょうがないことを共有することに愛情を感じます。

そして、女性脳は男性脳に対し、細やかに情報共有してほしいことがあれば、事前にそれを伝えておくことです。男性脳は必要な報告とそうじゃない報告の区別をするのが難しいのです。

たとえば、先ほどの例で言うと、「どうして言ってくれなかったの⁉」と怒るのを止めて、「体調不良になったら、すぐに駆けつけられないかもしれないけど、必ず報告してね。後から聞くと何もできなくて悲しくなっちゃうから」と伝えておけば、次からは報告をしてくれるでしょう。

脳の構造が違う人から、悪気のない報告や相談で怒られると理不尽に感じてしまいます。怒る前に違いを思い出していただき、右記を実践して様子を見てみてください。

プライベートでも仕事でも起こりうる、相談や報告のすれ違いを防ぐためにできる気遣いです。

5 男性にはストレートに結果を、女性には過程をほめる

ストレートな「ほめ」は地雷を踏みやすい

私は客室乗務員やホテリエという仕事を通して約50万人のお客様と接してきました。苦手だと思うお客様とも積極的に会話をしてきたので、コミュニケーション力は鍛えてきたつもりです。

したがって、相手から出されただいたいのパスに対して、それなりに気の利いたリアクションができると思っていましたが、最近、男性からの苦手なパスに気づいてしまいました……。

それはほめられたとき。それも見た目に関することをほめられたときです。

仕事時はほとんどタイトスカートの私が、フレアワンピースを着てクライアント

先に行ったときのこと。「今日はこの後パーティーですか?」と男性から笑顔で言われたときに、つい「あ! 派手でしたか! すみません」と反射的に謝ってしまいました。すると「いやいや、ほめ言葉ですよ」という回答。

また別の日には「今日は肌の調子がいいですね!」と言われ、なんと言って返したらよいかわからず「たくさん塗ってきましたから〜! あはは」とわけのわからない反応をしてしまいました。

このときの私の心境としては、「え!? 何か他の意図があるの?」と「注目されたくないから、皆の前でそんなこと言わないで!」という2つの戸惑いがありました。正直に言って、あまりうれしくはなかったのです。

女性へのストレートな「ほめ」が危険な理由

男性は、女性はただほめられればうれしいと思っているのかもしれませんが、それも間違った気遣いの1つだと思います。私のようにほめられることで困っている人も、実はたくさんいるのです。

女性にはなんとなく理解していただけるだろう、この感覚は、ほめられたいポイントの男女の違いです。**女性は目に見えたことをそのままほめられることは、あまりうれしくありません。**ストレートすぎるほめには、何か他の意図があるのではないかと勘繰ってしまうことがあるのです。

これは女性脳の「拡大志向」という特性からくるものです。

相手の発言に対し、言った内容をそのまま受け止められず、過去の悪いイメージや未来の不安を勝手にリンクさせてしまうのです。たとえば、「今日は肌の調子がいいですね！」と言われれば、「いつもは悪いからそう言っているのかな……」というようにネガティブ変換してしまう悲しい生き物なのです。

では、それを防ぐためにできる気遣いは、事前にその悪いイメージや不安を打ち消す言葉を一緒に添えることです。

たとえば「いつもより一段と肌の調子がいいですね！」と言えば、「いつもきれいだけど、今日は一段とよい」ということが伝わるのです。

また、見たことをそのままほめる（結果をほめる）のではなく、「変化」や「過程」

に着目してほめれば喜びは倍増です。

仕事の例でいうと、「よくこの商談をまとめたね！　すごいじゃないか！」と言うよりも、「普段からの細やかなやり取りが信頼関係につながったんだね。素晴らしい！」と言われたほうがささいなことも見てくれているのだと感じ、喜びはひとしおです。また、よく聞く「髪切った？」という言葉は変化に気づいているというサインで、女性が喜ぶ代表的な一言ですね。

男性には皆の前で、女性には1対1でほめる

一方で、**男性は結果や評価をストレートにほめられることでやりがいを感じます。**

ネクタイが素敵だと思えば「ネクタイ、格好いいですね！」でよいのです。

女性には見たまま（結果）よりも、「変化」や「過程」をほめること

男性には見たまま（結果）やその後の評価をストレートにほめること

そのうえで、ビジネスシーンであれば、ほめる場所にも気をつけたいポイントがあります。

女性はできる限り、他の人がたくさんいる場所でほめるのは避けましょう。

女性は共感の生き物だということは前節でもお伝えしました。他の人と共感しあって生きていきたいので、変に目立ったり、1人だけ良い評価をもらうことに、抵抗を感じる人が多いのです。

したがって、できるだけ1対1の場面でほめるようにすると、変な遠慮なく受け取ってもらえるでしょう。

一方で男性は狩猟の生き物。部署の中で優位になることにシンプルに喜びを感じるので、できる限り多くの人の前でほめたほうが効果的です。

本書はリーダーシップがテーマではないので、必ずしも業績・成績、チームワークに直結するようなほめ方をお伝えしているわけではありません。しかし、せっかくほめているのであれば、相手にとってうれしい！　と感じてもらうための、ちょっとした気遣いのポイントを押さえておいていただければと思います。

6 比較検討したい男性脳と感覚の女性脳

買い物でありがちな喧嘩

ある男女のエピソードです。

その日は男性から女性へクリスマスプレゼントとして、時計を買ってあげるという約束でした。

待ち合わせをして、最初のお店へ入り、女性は自分が興味を持った2点ほどを試着させてもらいました。そのうち1点を直感で気に入り、「これがいい！」と彼に伝えました。

店員さんも服装にもぴったりだと共感をしてくれましたが、彼のほうは「こっちも試してみたら？」「こっちは？」と、他のものとの検討を促し、なかなかＯＫを出してくれません。

ついには他のお店も見てみようと言うので、彼女も「自分が気に入ったものがあまり似合っていないなかったのかな」としぶしぶ他のお店も見に行きました。次のお店でも何点か試着しましたが、やはり最初に気に入った時計が忘れられません。

そして、最終的に彼が放った一言「で、どれがよかった？」に対し、彼女はプチン。「だから、最初の時計がいいって言ったでしょ！」と怒って喧嘩になってしまったということでした。


ここに買い物に対する男女脳の違いが大きく出ています。

男性脳は比較検討したいのですが、女性脳は感覚で決めたいのです。

男性脳は、同じ時計でも、機能や電池のもち、素材や価格なども含め、スペックを比較検討して決めます。そのためには検討材料や比較する対象が必要なのです。

悪くはないけれども、他のものと比較したうえで納得して買い物をしたいわけです。

先ほどの彼は、決して最初の時計が気に入らなかったわけではなく、彼女のために比較検討をさせてあげていたといったところなのでしょう。

一方で女性脳は時計を見て、それを持っている自分や、それをつけて幸せそうな自分をイメージして、感覚で決めるのです。そのため、せっかく自分が気に入ったものを、勝手に他のものと比較検討されれば面白くないですし、「そんな必要ないのに」と根拠はないけれども思ってしまうのです。

この比較検討してスペックで決める男性脳と、イメージを持ち、感覚で決める女性脳の2人が買い物に行ったり、何かを一緒に決めるときにはお互いに気遣いが必要です。

特に一緒に使う家電を決めるときや、旅行先を決めるという楽しいはずのシーンで、喧嘩になるようなことのないように気をつけなければなりません。

2人で何かを選ぶときの気遣い

まず、男性脳は女性脳が「これがいい」と直感で決めたときには、自分に大きな被害がなければ「共感」して賛成してあげることです。

「そんなにすぐに決めてしまっていいの？」と思うかもしれませんが、他のものと比較してもほとんどの場合、直感で気に入ったものを選びます。

どうせ買うのであれば、気持ちよく本人の買いたいものを後押ししてあげましょう。

そして女性脳は男性脳に「これで決めたい！」というものを提案するとき、一応他と比較検討した結果、選んだということを伝えるのです。そのときに、「こっちのほうが好き」とか、「なんとなくよさそうだったから」ではなく、価格などのスペックをアピールするのです。

プライベートのシーンを例にお伝えしてきましたが、この男女脳の違いを理解して行動することは、仕事でも使える気遣いであり、テクニックです。

気持ちよく決めてもらう！
仕事上の気遣い

オフィスのコピー機を選ぶときに、男性上司に決裁を仰ぐときには、自分の推したいメーカーの商品説明だけでなく、他のメーカーの機能やメンテナンス方法、価格などを比較した表を用意すると安心して決めてくれるでしょう。

商談のときには、相手が男性か女性かによって見やすい資料が異なります。

男性であれば、グラフなどを駆使しながら数値的根拠や理論のつまった内容があるほうが検討材料にしやすいのです。一方、女性の場合はイメージの広がるような写真や図解を用い、文章の内容も、感情に響くような言葉を多用します。

自分と反対の脳の相手に何かを提案するときには、自分にとって見やすい資料ではなく、相手にとって見やすい資料づくりを心がけましょう。

第4章

オフの時間に試される身近な人への気遣い

†プライベート

1

久しぶりに会った人とは、昔と変わらない部分を話題にする

年を重ねれば重ねるほど、プライベートには立ち入り禁止

あるカフェの隣の女性グループからこんな会話が聞こえてきました。

女性Ａ「家事と子どもの習い事の送り迎えで1日あっという間！　本当忙しいんだよね」

女性Ｂ「そうなんだー。専業主婦も楽じゃないんだね。私、絶対マネできなーい！　私は出張ばかりで友達と会ったのも久しぶりだよ。平日からお茶できるとか本当贅沢だよね」

女性Ｃ「へー！　○子は自分で稼いでいるんだもんね。偉いよねー。結婚は考

えてないの？」

よくある会話かもしれませんが、聞いていた私はゾッとしました……。

お互いが自分の立場を誇示し合っているようにしか聞こえなかったからです。

おそらく、昔何かで一緒の時を過ごした友人同士だったのでしょう。しかし、**そのときとは肩書きや収入、家族構成が大きく変わっているはず**です。その溝を埋めるというよりは溝を確認し合っている会話ですよね。

時が経つと共通言語が使えなくなる

突然ですが、私は34歳です（本書出版時点）。

中学生までは地元の友人たちと過ごし、私立に進学をして高校・大学はほとんど同じメンバーといたので、今では腐れ縁と呼べる仲間になりました。また、日本航空に就職をして、世の中にこんなに美人で性格もよいお嬢様方がいたのだと衝撃を受けましたが、同期たちとは仕事を辞めた今でも仲良くしています。ホテルコンシェルジュでは、知見の広さと対応力の素晴らしさなど、尊敬できる仲間がたくさんできました。

当時は互いに同じような環境下だったので共通言語もたくさんあり、コミュニケーションには困りませんでした。

しかし、現在ではそれぞれの友人たちとの関係が築かれてから時間が経っています。特に30歳を過ぎてからは、繰り返しになりますが肩書きや収入、家族構成が当時とは大きく変わっているのです。

何も変わっていない部分を話題にする

専業主婦、会社員、経営者、先生など、世の中にはさまざまな肩書きがあります。ダイバーシティと言われる現代において、そのいくつもをかけ持ちしている人も少なくないでしょう。

収入も、同じ年数働いていても、30歳を過ぎてくると立場や業界で差が出てきます。専業主婦であっても旦那さんの収入によって、生活水準は変わってくるでしょう。

その生活水準の違いは、一番繊細な問題。いくら自分が高水準であってもそれをひけらかしてよいことなど何もありません。家族構成は皆が独身のときは「1人」という単位だったのが、30歳を過ぎると1人〜大人数までさまざまです。そして、望んでその家族構成になっている人ばかりではありません。

結婚したくてもできない人、子どもが欲しくてもできない人、子どもが多いことを大変と悩んでいる人……。他人にとっては羨ましく見えても、本人がどう考えているかは誰もわからないのです。

それでも、私が昔からの友人たちと今でも仲良くできているのは、この肩書きや収入や家族構成に自分からは触れないという気遣いをできる仲間だからだと思います。

たとえば、前述の高校・大学時代の仲間たちと会ったときには、第一声は仕事には一切触れずに「どう？　元気？」と聞いてきます。

コンシェルジュの仲間であれば「寒いねー。何食べよっか。そうそうこの前こんなレストラン見つけて！」という感じで、あまり当時と変わらない会話をしています。

私たちはその肩書きに惑わされているだけで、**本当は何も変わっていない部分もたくさんある**はずです。だからこそ、当時に戻った感覚でリフレッシュできる関係でいられているのかもしれません。

アドバイスを求める側もする側も、幸せになれない

もちろん、「いやあ、本当出会いがないよ。なんで結婚できないんだろう？」など、本人から話題を振ることもありますが、あまり発展させないほうが無難でしょう。その話を深めていっても、最終的に誰も得しないと感じています。

アドバイスを求めている側も欠点を指摘されればムッとしますし、求められている側も、何を言っても偉そうにとらえられてしまうのではないか、と変な気を遣う

のです。

ママ友同士やバリバリ仕事をしている仲間同士など、同じ境遇の人と話をするのは楽でしょう。でも、本当に大切な友人たちとの関係や、義理でつき合わなければいけないご近所関係なども含め、ナイーブなことには「踏み込まない」という気遣いさえできれば、どんなコミュニティでもよい関係を築きつづけることができるのではないでしょうか。

肩書き、収入、家族構成のことは、本人が発信するまで触れないだけ。「〇〇しなければならない」だと難しく感じますが、「〇〇しない」と考えると、一気に難易度が下がります。簡単な気遣いで対応できる場面はたくさんあるのです。

無意識に相手を傷つけないように気をつけたい大人の気遣いです。

2

「忙しい」をポジティブにアピールする

「大変」「忙しい」は皆一緒と心得る

学生時代の一部の仲間で同窓会を開こうという話が持ち上がりました。

さて、幹事を誰にするか決めなければなりません。幹事をやりたくないあなたは、どのように言って断りますか？

「今は仕事が立て込んでいて忙しいから……」

「子どもの送り迎えで忙しいから……」

そんな理由は使っていませんか？

また、男性によくあるこんなやりとり。

「今日はＬＩＮＥする暇もないくらい忙しかったよ」

「残業続きで3日近く寝ていないよ」

こんなふうに忙しいことを、自慢のように話してしまっている方、いますよね。

そのとき、相手は口では「大変だねえ」と言いながら、心ではどう思っているでしょうか。「私だって忙しいのに」ということです。

自分の力不足を認めたうえで対案を

時間というのは平等に与えられています。経営者であっても、専業主婦であっても、忙しいと感じるのは本人次第なので、どちらのほうが忙しいということは比較できないはずです。それでも、私たちは大変な状況に置かれると、自分が一番忙しいような気分になってしまうから不思議です。

私も自分のタイムマネジメントができていないだけなのに、忙しさのあまり被害者のような気持ちになってしまうことがありました。

でも、いかに自分が大変で、自分が忙しいかをアピールしてくる人と、プライベートでつき合いたいとは思わないはずです。電話に出てくれたはいいけど、バタバタしている感、忙しい感を出してくる人に対し、いろいろ話そうとは思わないですよね。

そこで、つい使ってしまいがちな「忙しい」を言わないように、断りたいものです。

たとえば、最初のたとえの幹事を断りたいシーン。

「恥ずかしいのだけど、今の仕事にまだ馴れていなくて、皆に声がけする時間がつくれないの」

そんなふうに**自分の力不足を正直に伝えることで、忙しいアピールは一気になくなります。**そのうえで、「当日の会計はがんばるよ！」とか、「お店の候補は一緒に出すよ！」など、代案を出せるとよいですね。

ネガティブな言い回しをポジティブに変換

他にも「10分しか時間つくれない」と言ってしまいそうなときには、「10分であれば時間つくれる」と言い換える。

電話に出たけどゆっくり話せないと思ったら、「ごめん、ちょっとバタバタしていてゆっくり話せないんだけど……」を、「○時頃であればゆっくり話せるんだけど、どうかな？」と言い換える。どちらも否定的な印象から肯定的な印象に変わっています。

「忙しい」ことはしっかり相手に伝わりますが、与える印象は大きく違い、余裕を感じさせる言い回しです。

「忙しい」「大変」なのは、立場にかかわらず皆一緒だということを常に忘れずにいてください。ついつい「忙しいアピール」をしてしまいそうなときは、肯定的な言い回しに変えられないかを考えることが大人の気遣いです。

3 宴席への何よりのプレゼントは華をそえること

出席できないとき、どうすれば相手の顔を立てられるか？

皆さんは結婚式の招待をされたけれども出席ができないときには、どのようにお祝いの気持ちを示していますか？

私の友人は、後輩に結婚式への出席を前日にキャンセルされ、さらにその連絡がメール1本で終わったことに憤慨していました。お料理代がマイナスになるという金銭面の問題もあります。しかし、それよりもその対応に何のお祝いの気持ちも感じられなかったことが残念だと何度も嘆いていました。

こんな失礼なことはそうそうないと思いますが、お祝いの席も飲み会の延長のように考えてしまっている方がたまにいらっしゃるのも事実のようです。

一般的には別の日にお祝いの席を設ける、電報を送る、ご祝儀だけ渡す等、何かしらの対応をされていることと思います。

結婚式の欠席の場合の対応はマナーとしても浸透しているようですが、大人の気遣いができる人は結婚式だけにとどまりません。

欠席しても、お祝いの気持ちを示す

私は1冊目の本の出版の際に、その記念に小宴を開きました。

仕事でお世話になっている人だけでなく、友人にも声をかけました。その中の1人が大阪から駆けつけてくれる予定だった日本航空時代の同期K子。仕事に都合がつかずに欠席になってしまったのですが、当日とてもかわいらしいお花を会場に送ってくれました。結婚式の二次会に来られなかった地元の友人Mも、会場にバルーンを入れてくれていて驚ろかされたこともありました。

こういった宴席では、誘う側も断られるのを承知で声をかけているところがあると思います。それでも、欠席の際にはお祝いの気持ちを示す気遣いがある人はまた誘いたくなるものです。

個人的なプレゼントもよいですが、こういったシーンでは、**相手の宴席を華やかにすることが何よりのプレゼント**になります。

他にも、ホームパーティーや飲み会にはちょっとよいワインやお菓子の差し入れをして喜ばれたこともありました。お誕生日会に行けないときに、参加者にお祝いのメッセージを託すだけでもよいでしょう。

宴席のお誘いには、欠席の場合も会場に華を添えてお祝いの気持ちを表していきましょう。

4 贈り物はストーリーで渡し、感想で返す

「つまらないもの」はいりません！

大人になると、仕事外でもさまざまなシーンで贈り物をします。友人の誕生日、結婚祝い、出産祝いなどのプレゼントは何をあげれば正解なのか迷いますし、他の人と重ならないか心配ですよね。

また、実家に帰省したときのお土産や、友人宅へ遊びに行く際のお土産も、毎回同じものにならないように頭を悩ます方も多いはずです。

私は自分のことを考えて選んでくれたものなら何でもうれしいと思いますが、残念なのは道すがらたまたま売っていたのだろうとわかるお土産や、何も考えずにマナー上必要だから選んだのだろうと感じてしまうときです。

逆に「さすがだな」と思う人は、それを選んだストーリーを一緒に語ってくれる人です。

相手の興味をそそるストーリーを添える

お土産も、一昔前は玄関先で「これ、つまらないものですが」と言って渡すことがマナーとされていましたが、はたしてそんなに杓子定規なことを言われてうれしいでしょうか。第一、「つまらないもの」と思っているものを相手に渡すのは不自然だと感じることがあります。

同じチョコレートだとしても、何も言わずにマナー通りにお土産として渡されるよりも、「ここのチョコレート、甘すぎなくて美味しいから甘い物が苦手な麻衣子にも食べてもらいたかったの！」と言って渡されるほうが100倍うれしいです。

他にも、「地元で人気の物」だとか、「この前、芸能人がオススメしていた」など、相手の興味をそそるストーリーを添えましょう。そうすることで、マナーとして形だけでもと買ってきたお土産が、うれしい気遣いに変わるのです。

また、プレゼントの場合は、**どうしてあなたにそれを選んだのかがわかるストーリーを一緒にあげましょう。**

結婚祝いなら、「2人ともワインが好きだと言っていたから」とワイングラスをもらえば、いくつ持っていてもうれしいですし、いくら趣味ではないものでも「仕事ばかりじゃなくて身体を動かしてほしいから」と、トレーニングウェアを贈られたら運動する気にすらなるかもしれません（一般に「割れる」を想起させるグラスなどの食器は結婚祝いに不向きとされていますが、最近では気にせずに喜ばれるカップルも増えています）。

感謝は写真つきで

贈り物に対する御礼にもさまざまなマナーがありますよね。

「〇分の一くらいの金額のものをあげる」だとか、「〇〇のときは△△のようなものをお返ししましょう」だとか、よく見かけますが、私はそうした慣例的なものとは違う、大人の気遣いだと感じたお返しがあります。

以前、お肉好きの友人の結婚祝いに銘柄牛の詰め合わせを送ったときのことです。後日、その友人から調理前のお肉と、旦那さんと美味しく食べている2ショットの写真つきで御礼メールが届きました。

私はお肉屋さんに肉のチョイスを任せたものの、その質については満足してもらえるものかどうか気になっていたところもあったので、何よりも2人の最高の笑顔がうれしかったです。他にも、気遣いのできる友人たちから、出産祝いであげた衣類を身にまとった子どもの写真が届くこともよくあります。

以前の私は、このいただいたものに対する感想を伝えることを徹底できていませんでしたが、このようなエピソードを通し、改めてその大切さを感じました。

贈り物をあげる人は相手が喜んでくれる顔を想像しながら選んでいます。渡したその場で「ありがとう」を言ってもらうこともうれしいですが、実際に使ったり食べたりしたときの感想が気になるもの。だからこそ、日が経ってもいいから写真つきで感想を伝えることが、何よりのお返しになります。

5 やんわりではなく、キッパリ、そしてかわいく断る

誘いを断られた人が笑顔になるように

キャンプ、山登り、クラシック音楽コンサート、歌舞伎など、たくさんの仲間と楽しむ趣味がある中で、どんな誘いだったらうれしいですか？

私の場合は、右記はすべてうれしいですが、興味のないミュージシャンのライブは、どちらかというと行きたくないです。ファンが大勢いる中で取り残されたような2時間になってしまう経験をしたせいでしょうか。

自分の貴重な時間とお金を使って参加するのであれば、興味のないものにイヤイヤ行くのはもったいないですよね。

せっかく誘ってくれた友人、知人たちからの誘いを無下にはしたくないという思

いから、我慢して行く人もいるかもしれません。あるいは、「ごめん、その日は予定があって」なんてやさしい嘘をついて断る人もいるでしょう。

私は釣りが好きなのですが、以前釣り仲間で盛り上がり、次回はもう少し多くの人に声をかけようということになりました。

多くの友人たちは、「ありがとう！　せっかくのお誘いなんだけど、その日は予定があるから無理なんだ。また誘って！」と、感じのよい返信をくれました。それであればと、日程を変更して誘うとまた同じような返答。そのときに、「もしかしたら釣り自体興味がないのかもしれない」ということにようやく気づいたのです。

しかし、その中に1人だけ最初から「ありがとう！　残念ながら私は船全般NGです。酔っちゃうのよ！　食べる係ならいつでもするからね！　笑」と、とてもコミカルにかわいいお断りをしてくれた友人がいました。

それ以来、その子を釣りへは誘いませんでしたが、断られてもまったく嫌な気持ちはしませんでした。

断る理由を本音で示すのが、誘う側への気遣い

自分が何度誘われても断るだろうなというジャンルのお誘いは、最初からその意思を表明しておくほうが、誘う側への気遣いです。

たとえば、山登りに興味がなければ「虫が苦手だから、海なら行くよ」、クラシック音楽に興味がなければ「恥ずかしいけど眠くなっちゃうの」など、**自分の苦手を笑いに変えて断ってみましょう。**

誘っている側も、そういった理由であれば嫌な気持ちはしないはずです。

いつも幹事をしている人や、さまざまなお誘いをする立場になってみないと、その大変さはわかりません。

いつもやんわりと濁して断ることが正解ではなく、時にはハッキリと「そのジャンルは誘わないで」と明示することも大人の気遣いです。

6 リアルで当たり前にしている気遣いをSNSでも

突然の友達申請は、リアルではいきなり相手の手を握るようなもの

皆さんはＳＮＳを使っていますか？

ツイッター、フェイスブック、インスタグラムなど、たくさんのツールがあり、その複数を同時に使用している方も少なくないでしょう。

なかなか会えない友人たちの日頃の動向がわかる、とても便利なツールでもあり、その使い方によっては人から誤解を受けたり、誰かを傷つけてしまう可能性のある諸刃の剣という一面もあると思います。

そのために、ＳＮＳにも管理者側が定めたルールがあり、それを守らなければアカウント削除などの対応がなされます。しかし、ある程度の常識をわきまえて

使っている人にとっては、そうそうルール違反と警告されることはないでしょう。むしろ、知らず知らずにしているかもしれない「マナー違反」のほうが身近で怖いものかもしれません。

マナー違反については目に見える罰則がないぶん、当事者が自覚しづらいものです。誰も忠告をしてくれずに、いつのまにか友人・知人が距離を置いていく可能性があります。

SNSで一緒に写る人の「肖像権」を大切に

ある知り合いの男性は何の断りもなく飲み会の写真を掲載され、それを見て不快になった奥様と揉めたそうです。その後、その写真の掲載者に削除を求めたとのこと。

また、ある女性の友人は自分の写りがひどい写真を掲載されて、「消してとも言えずに泣き寝入りをした」と話してくれました。

□飲み会の写真を無断で載せてはいけません。
□一緒に写る相手に写真写りの確認をしてから掲載をしましょう。

これらはルールには載っていませんが、一度発信してしまったら取り返しがつかないメディアを使っている側の責任と言えます。

もしかしたら一緒に写った人は、他の予定をキャンセルして飲み会に参加しているかもしれません。あるいは、写真に写ること自体苦手な方かもしれません。誰もが掲載を喜んでくれるわけではないのです。

その、**「もしかしたら……」に思いを至らせて、相手に許可を得ること**が、まずは大人のマナーと言えるでしょう。

相手が自分のSNSを見ていることを前提にするのは恥ずかしいこと

前項のようなマナーがあることを確認したうえで、SNS上での大人の気遣いとはどのようなことか考えてみましょう。

私は**1対1のコミュニケーションに勝るものはない**と考えています。しかし、SNSを多用していると、そのことを忘れてしまいそうになる瞬間があります。

たとえば、友人が誕生日祝いの食事をしてくれたときに、その友人への御礼メッセージをせずに、SNSへ「こんな素敵なお祝いをしてもらいました～!」と投稿したらどうでしょうか。

悪いことではないと思いますが、投稿を見たその友人はモヤッとするかもしれません。まずは直接御礼をすることが大人の気遣いです。

また、SNS上で友人や仕事関係者を「友達」としている場合、日常から発信をしている人は、ついつい自分のことを彼らに知ってもらっている気になってしまうときがあります。

私もSNS初心者だった頃にそういった経験がありました。フェイスブックやブログなどを見てくれている友人が多く、直接会ったときにもSNS上のことを当たり前に聞いてくれることに慣れ過ぎてしまっていました。

そんな中、ある友人に会った際に、「最近どこか地方に行ったの？」と聞かれたのですが、「先週は地方ばかりだったんだよ。もお、フェイスブック見てくれてないの？」と、とても恥ずかしいことを口にしてしまいました。仲が良いからと言っても、驕《おご》った発言だったと反省をしました。

ＳＮＳがなかった頃であれば、会えば直接の近況報告を互いに行い、写真を見せ合って盛り上がっていたはずです。それを怠り、ＳＮＳを見てもらっていることが当たり前になっていたのです。

ＳＮＳファーストから
リアルファーストへ

ＳＮＳというのは不思議なもので、使用しているうちにリアリティが欠けてしまうのかもしれません。

直接だったら失礼でできないことが、できてしまったりします。

たとえば、あいさつメッセージもせずに友達申請をするのは、現実社会に置き換えると、自己紹介をせずにいきなり手を握るような行為です。

現実社会では当たり前に行っていることを当たり前に行う。 これも大切な大人の気遣いです。

「SNSファースト」ではなく、以前なら行っていた直接のメッセージや報告を優先する。何かしてもらったときに直接の御礼や報告をする。久しぶりに会ったときには自分の近況を知らない前提で話を進める。友達になりたいときにはあいさつをする。

知人・友人たちと有効なコミュニケーションを築くためのSNSが、むしろ1対1のコミュニケーションを阻害するものにならないように気をつけていきたいですね。

7 いつも身につけているものだからこそ、意識しておきたいカバンの気遣い

カバンの扱い方でズボラな内面を露出することも

あるレストランで食事をしていたとき、とても身だしなみには気を遣われているのだろうと思われる女性が、男性と一緒に入ってきました。オシャレをしたその女性が、ブランド物のカバンをテーブル上にドサッと置いたとき、私は心の中で「あちゃー！」と言ってしまいました。

皆さんはカバンの扱いにもいろいろなマナーがあるのをご存じですか？

たとえば、お仕事のときには直立するカバンを持ち、足元に置くことや、ショルダータイプのものを使っているときは、肩から外して受付をするなど、多くのマナーがあります。

しかし、そのような**マナーを知らなくても、相手の立場になって考えたらできる「気遣い」があります。**

前提として、自分にとっては大切なブランドもののきれいなカバンでも、カバンというのはコートや靴と同じように外で使うものです。だから、床に置くことも想定されて底に鋲が打ってあるものが多いのです。

こういった理由からカフェや友人宅の食事を載せるテーブルにドサッとカバンを置くことは、そのテーブルの持ち主に対して思いやりの足りない行為ということになります。

いくら高いカバンでも他の人への配慮が優先

椅子の背もたれにカバンをかける行為も、通行の方の邪魔になる可能性があります。

私は飲食店でも平気でカバンを床に置いてしまうのですが、最近では荷物置きを用意してくださるお店も増えてきましたので、それを利用してもよいでしょう。そのときにも他人の邪魔にならない位置かどうかを気遣えるようにしたいものです。

あくまでカバンは物です。どれだけ高い物でも、人の邪魔をしたり、不快な思いをさせるアイテムにしてはいけません。

和室の床の間もかけ軸や生け花を飾る神聖な場所ですし、その家主の心配りの表れる場所です。旅館や招待された家に和室があった際には、せっかくの心配りを台無しにしないように、床の間にカバンを置くのは避けたいですね。

荷物は自分の身体の範囲に収める

また、公共交通機関でも、バッグが人の邪魔をしてしまっているシーンを見かけます。

混雑した電車の中では肩かけのカバンは肩から外して身体の前に持つ、リュックは背中から下ろして前に抱えるなど、「自分の身体の範囲」に収めるように気を遣わなければなりません。

キャリーケースを引き慣れていない方もよく見かけますが、このときのポイントも「自分の身体の範囲」に収めることです。

引くときには手持ちバーを中程まで伸ばし、自分の身体の真後ろで肘を伸ばし身体に引き寄せながら歩きます。これを自分の横で引くのは歩きにくいだけでなく、幅を取ります。

また、キャリーケースを自分の後方にして引っ張っても、身体から離しすぎていると、それにつまずいてしまう通行人も出てしまうので気をつけましょう。

マナーを知らなくても、正しい判断をするためには

誤解されている方が多いのが、美術館や博物館などの場でのカバンの扱い。

そういった鑑賞施設には、ほぼコインロッカーかクロークが置かれています。

それは「身軽な状態で観てください」という施設側の配慮と思われている方が多

いようですが、実はそれだけではありません。

美術館や博物館というのは多くの方が同じものを観るために、お互いの気遣いが必要な場所です。そこで、もし大きなキャリーケースを引きずっていたり、肩かけの大きな荷物で展示スペースの幅をとっていたら他の方に迷惑がかかってしまいます。

必ず持って出かけるカバンだからこそ、その扱いによって印象が大きく変わります。

自分が快適かどうか、使いやすいかどうかの前に、「人の邪魔をしていないか」「人を不快にしていないか」を基準に扱えれば、マナーを知らなくても判断ができるのです。

デートの際にも、せっかくオシャレをするアイテムで自分の評価を下げることのないように気をつけたいですね。

8 「どうする？」をやめてみる

一見相手を思いやっている風な丸投げ

友人たちと行くレストランを決めるとき、こんなＬＩＮＥのやりとりがありませんか？

Ａ「会うのもう来週だね～！　お店どうしよっか？」
Ｂ「本当だ、もうすぐじゃん！　何食べたい？」
Ａ「なんでもいいよ！」
Ｂ「じゃあ、和食はどう？」
Ａ「いいよ！　場所はどうしよっか？」

……

皆さんはこのAさんBさん、どちらのほうが気遣いができる人だと思いますか？

私はどちらかというとBさんではないかと思います。なぜかというと、Aさんは**相手の希望を聞いているように見せかけておいて、相手に丸投げをしているだけ**だからです。

主張することが気遣いになることも

私たちは大人になると、自分のしたいことばかりを主張してはいけないと意識し、周囲の意見を聞くようになる傾向があります。でも実は、意思を何も表明せずに「周囲に任せます」という態度をとっている人は、一番気遣いができていないのかもしれません。

皆で何かを決めなければいけないときには、自分の意思や皆にとってよいだろうと思うものを2～3提案したうえで「どうしようか」と振るのが大人の気遣いではないでしょうか。

そもそも人は、脳のリソースをできるだけ消費しないように、普段は「考える」ということを避けたがる生き物です。**特に忙しく働く現代人にとっては、考える時間を省いてあげる**ことも気遣いの1つになります。

先ほどの例を大人の気遣いができる2人にしてみると……。

A「もう来週だね～！　場所なんだけど、私たちの職場の中間地点の渋谷か、帰りやすい東京駅周辺はどうかな？」

B「ありがとう！　じゃあ、渋谷にしようか！　渋谷なら美味しいイタリアンと和食を知っているんだけど、どちらかでよければ予約するよ！」

（お店のURLを貼り付け）

A「両方捨てがたいけど和食がいいな！　予約お願いできる？」

B「任せておいて！」

こんなやりとりであれば最短で、お互いにとって気持ちのよい結果になりそうですね。

デートの予定を決めるときも**「明日どうする？」と言われると気持ちが萎《な》えてしまう**という女性の意見をよく聞きます。何も計画がないことにも落胆しますし、なんだかあまり楽しみにしている感じがしないからでしょうか。

「どうしよっか？」

「なんでもいいよ」

一見すると相手の意思を尊重しているように見えるこの言葉は、実は気遣いではありません。相手の考える手間と貴重な時間のために、自分の意思と相手のことを思いやった提案ができるようでありたいものです。

第5章

自分のことが好きになる気遣い

―自己肯定感

1 親切は相手のためではなく、自分のためにするべき

心の余裕は他人への気遣いによって生まれてくる

第5章まで他人への気遣いについてお伝えしてきましたが、ここまで読んでいただいた方は、「大人の気遣い」ができる人について、どのようにイメージされましたか？

感受性の高い人ですか？　元からセンスのよい人ですか？　仕事のできる人でしょうか？

そのどれも間違いではないですが、もし私が「気遣いができる人は元から持って生まれた才能」と考えていたら、このような本は書かなかったでしょう。

私は小さな頃から大人の顔色を窺《うかが》っている子どもでした。そうした性格のおかげ

か、高校生になり、接客業のアルバイトをするようになったときに、お客様が何を望んでいるかを他のスタッフよりも汲み取ることができました。

そして、天職だと感じた接客業を生涯の仕事にしようと客室乗務員になりました。しかしその数年後、私の気遣いのセンスはパタッと閉じてしまいました。それはなぜか。

私は、仕事の体力的な大変さ、会社に対する疑問、上司たちとの不調和を感じるたびに、周囲のせいにしているくせに、愚痴を吐くこともせずに我慢を重ねていました。そして、気づいたら心身ともに疲弊してしまいました（詳しくは私の1冊目の本『「イヤ！」と言ってもこじれない、嫌われない！　ちょうどいい「言い回し」と「振る舞い」』をご覧ください）。

その頃の私は、目の前にご高齢の男性が立っているにもかかわらず、見て見ぬフリをして座りつづけてしまうくらい「気遣いのない人」でした。そして、そんな自分のことが大嫌いになってしまっていたのです。


周囲への不満があり心の余裕がなくなる→人の求めるサインに気づかない

フリをする↓余計自分のことが嫌いになり余裕がなくなる

このスパイラルから抜け出せずにいたのです。

しかし、その精神状態から抜け出し、心理学を学んだときに気づいたことがあります。

私が気遣いをできなくなっていたのは、忙しいせいでも会社のせいでもなく、私の**気遣いの矢印が常に自分に向いていたから**ということです。

そして、余裕があるから人に気遣いができるのではなく、他人に対する気遣いをしていれば、自分のことを好きになり、余裕が出てくるという大切なスパイラルに気づいたのです。

自分の不親切は自分が一番見ている

カナダのブリティッシュコロンビア大学の3人の心理学者によるこんな研究論文

があります。

数枚のビスケットを幼児に与え、数分後、その中の1枚をぬいぐるみに与えるよう促します。さらに、追加のビスケットを幼児に渡し、それをそのままぬいぐるみに与えるように促します。そして、その幼児の反応から幸福度を7段階で評価したところ、「自分のお菓子を分け与えること」に最大の喜びを感じていることがわかったそうです。

人に親切にするのは誰のためでしょうか。

私は、「自分のため」でよいと思います。

電車でご高齢の男性に席を譲らなかったことを、他の人は見ていなかったかもしれません。でも、自分はしっかりと見ていて、自分の心を傷つけたのです。

他人を気遣うことの目的を、「誰かに気づいてもらい、ほめてもらうため」と設定してしまったときから、その気遣いはさりげなさを失い、したたかなものになってしまいます。

気づいてもらう必要はありません。あなた自身がその行動を見ているからです。

忙しいときほど周囲に興味を持つこと

大人の気遣いを続けていると、自分のことが好きになります。そして心の余裕が生まれれば、あなたは周囲の人にとって十分魅力的な人になっているはずです。最終的に、そんな魅力的なあなたは他人からもたくさんの恩恵をもらうことができます。

まずは心を閉じずに、顔を上げて周囲に興味を持ってみましょう。

そうすると、発している本人も気づかないさまざまなシグナルに気づくことができるようになってきます。

あなたのまわりにもすでに素敵な気遣いをしてくれている仲間がいるかもしれません。してもらってうれしかったことを、今度は他の人にしてあげればよいのです。

中には、「こうはなりたくない」と感じる行動を見かけるかもしれません。そのときは逆のことを自分がすればよいのです。

気遣いの訓練の第一歩は「周囲に興味を持つ」こと。

もちろん、気づいたことを行動に移したときに、失敗もあるかもしれません。よかれと思った気遣いを嫌がられたとしても、また1つ他人の気持ちを理解できれば、あなたの気遣いアンテナは高くなるのです。

「忙しい」とは「心を亡くす」と書きますが、忙しいから心を亡くすのではありません。「心を亡くしている状態のことを忙しい」というのです。

忙しいときこそ、人に気遣いをしてみてください。 私は忙しいときに、あえてお礼状を書く時間を割いています。人への感謝を思い出し、心を取り戻す感覚があります。

自分を好きになる気遣いを行っていきましょう。

2

誰も見ていなくてもあえてするのが、本当の気遣い

自分1人でも「いただきます」ができるマインド

忙しい皆さんが時間を節約しようとするときに、おざなりになりがちな習慣の代表が「食事の時間」ではないでしょうか。本当は身体や見た目のことも考えて、手づくりをしたいという思いはあっても、空腹は待ってはくれません。購入した惣菜やインスタント食品で済ませることがあってもよいと思います。

しかし、そのときに忘れたくないのは1食の食事を大切にする心です。

私は前節に書いた通り、心を失っていた時代は、食事もいい加減なものでした。フライト中に出てくる冷たいお弁当を、かき込むように「美味しくない」と思いながら食べていましたし、プライベートでは食事よりもお酒が中心の生活になって

いました。

こうした日々の繰り返しが、ますます心も冷たくしていったのかもしれません。

一手間を加えるだけでわびしさが消える

食事の際にできる大人の気遣いは、ほんの一手間を加えるということです。

お惣菜や冷凍食品、レトルト食品を食べるときでも、パックからお皿に盛り直し、温めましょう。その一手間が食事の時間を豊かな時間に変えてくれます。

ポイントは「誰も見ていなくても」行うということです。前述した通り、他人が見ていなくても、自分自身が見ているからです。

きっとインスタグラムに投稿されているようなきらびやかで、何種類もおかずのある食卓の画像を見ている皆さんは、パックのまま食べている自分の姿と比較して「わびしい」と感じているのではないでしょうか。本当は、皆が手の込んだ食事ばかりしているわけではないのですが、「日常」はＳＮＳにあまり載らないので、そう感じてしまうのでしょう。

このように自分で自分の評価を下げることが一番悲しいこと。購入した惣菜だったり、インスタント食品でもよいのです。

お皿に盛りつけ温められたら、次は薬味を足してみましょう。

インスタントの味噌汁に刻みネギを入れるだけでも香りはまったく違いますし、自分でつくった気分になります。

自己肯定感が上がる食べる前の3分間

自宅外で食べるお弁当など、どうしても手間をかけられないシーンでもできる気遣いがあります。それは「いただきます」と手を合わせることです。

「いただきます」は食べ物を育ててくれた人、つくってくれた人など、その食事に携わってくれたすべての人に対して感謝をする行為です。

これのどこが気遣いなの？　と思われるかもしれませんが、1食を大切にする感謝の姿勢は必ず人といるときにも出てきますし、「こんなもの」と思いながら食べる食事と「ありがたい」と思いながら食べる食事では、自己肯定感が変わってくるからです。

実際に、集中力や幸福感を上げるためのマインドフルネスのワークショップの中では、一粒のレーズンに五感を集中させて食べるというものがあります。不思議なことに、**たった一粒のレーズンの味や食感や香りなど、多くのことに気づき、とても満たされた気持ちになる**のです。「何を食べるか」ではなく、「どのように食べるか」が大切だということを実感します。

お皿に盛り直し、薬味を加え、「いただきます」のあいさつをするのに3分もからないでしょう。その3分がさりげない大人の気遣いができる自分をつくる大切な時間です。

3 知り合いがいないときの振る舞いに本当の人間性が出る

「言わなくてもわかるよね？」は伝わらない

私はホテルコンシェルジュの頃、エレベーターの中での過ごし方に国民性が表れているなあ、と面白がって見ていました。

欧米の方々はエレベーターに乗り合わせると、「こんばんは！」とか「おやすみなさい！」と知らない方同士でもあいさつをしていますが、日本人は居心地が悪そうに、黙って階数の表示板を皆で眺めています。

接客の現場を離れた今も、私がエレベーターのボタン前に立ったときは、後から乗り込んできた方に「何階ですか？」と聞こうとするのですが、ヌッと手が伸びてきて、何も言わずにボタンを押されることがよくあります。私が「開ボタン」を押していても、何も言わずに降りて行かれる方にも残念ながら慣れてしまっています。
また、満員電車の駅停車時に「降ります」と言えばよいものを、何も言わずに体当たりをしながら必死に降りていく人も見かけます。

このような、他人と居合わせたときの振る舞いにその人の本当の人間性が出ると思っています。利害関係がある人、自分のことを知っている人の前では気遣いをするのに、そうじゃなくなると急に知らん顔をしてしまう現代の日本人が、本当におもてなし大国として誇ることができるのでしょうか。

これらの行為に共通する疑問は、「どうして頑なに口を開かないのだろう?」ということです。

ハイコンテクストの日本だからこそ、「言わなくてもわかるよね」と察することを相手に求めてしまうのかもしれません。

エレベーターを降りる際に「ありがとうございます」を伝えたり、電車を降りる際に「降ります」と言うだけで、自分自身も楽になるはずです。

困ったときは知らない人同士でも助け合える

数年前、東京を大寒波が襲い、大雪に見舞われた日がありました。その翌日、仕事に出かけるために自宅を出ると、駅までの道のりでたくさんの方が雪かきをしてくださっていました。

知らない方ばかりでしたが、「寒い中ありがとうございます」と勇気を出して声をかけると、「お姉さんこそこんな日に大変だね！　行ってらっしゃい！」と応援の言葉が返ってきて、とても心が温かくなりました。

本当は、困ったときには他人であっても助け合える日本人なのです。困っていないときにも、「ありがとう」「こんばんは」「お願いします」「降ります」など、口を開く癖をつけることは気遣いの基本です。

4 自分ではなく、相手のパーソナルスペースのために

一歩つめる勇気を持てるか

私は接客研修のときに必ずお話しするキーワードがあります。それが「パーソナルスペース」です。

パーソナルスペースとは他人に近づかれると不快に感じる距離のことで、人間は無意識にこのパーソナルスペースを守ろうとする本能があります。

たとえば、初対面の人がいきなり肩を組んできたら「この人は馴れ馴れしすぎる」と不快に思ったり、空いている電車の中で隣にべっとりとつめてきた人がいれば、「変な人ではないか」と不審に思いますよね。それがパーソナルスペースを守ろうとする本能です。

この本能が気遣いの邪魔をしてしまうことがあります。

電車やエレベーターが混み合っているときに、本当はもう少しつめられるのに、「もう無理」と判断して、つめないことはありませんか?

新幹線の自由席に座っているときに、混雑して座れない人が出るまで、隣の座席の荷物をどかさない人はいませんか?

スーパーのレジでカゴをつめれば後ろの人もカゴを置けるのに、店員さんがつめてくれるまで動かさない人はいませんか?

カフェで、4名用のテーブルを1人で占拠している人はいませんか?

これらは自分のテリトリーを守ろうとする本能なので、おかしいことではないのですが、**気遣いという観点では残念な振る舞い**です。

自分で自分をほめられる行動を

新幹線やカフェの席のように、自分が荷物をどかせば誰かに譲ることができる状況ばかりではないでしょう。それでも、エレベーターや電車で、つめれば乗れるときにはまずは自分からつめてみる。

そのときに、すでに乗っている人には不快な思いをさせるかもしれませんが、同じ気遣いの心を持った人たちならきっと一緒につめてくださるはずです。

最終的に、気遣いのできない多くの人と同じ行動をするか、勇気を出して気遣いの波を起こすかはあなた次第です。そのときに思い出してほしいのが、その行動を自分が別の目で見ているということ。**自分で自分をほめてあげられる行動を選べばよい**のです。

周囲と同調することで、自分を傷つけないでください。

自転車置き場、電車の網棚、ホームの列等、つめるだけで誰かがうれしい気遣いはたくさんあります。

自分の本能を超えて、少し勇気を出して行いたい気遣いです。

5

接客されたときは神様ではなくお客様としての振る舞いを

人間対人間の最低限の気遣い

皆さんは初めて異性とデートをしたときに、どんな相手の振る舞いに注目していますか？

私はお店の店員さんに対する態度や口調を見ていました。お客様という立場を優位と考えて横柄な態度をとる人は、人間関係に優劣をつける、器の小さい人という印象があります。

「横柄な態度をする人への対応策について」というテーマの取材をカウンセラーとしての立場から受けた際には、「横柄な態度をとる人は自分を大きく見せないと不安になってしまう、本当は気の小さい人」という表現をしました。

店員さんへの態度にその人の品性がにじみ出る

店員さんに土下座までさせるモンスターカスタマーが一時期話題になりました。そこまで極端ではなくても、ついつい店員さんだからいいかと言い方が乱暴になってしまう人はたくさんいます。

東京神田のある居酒屋さんでこんなユニークな貼り紙がしてあり、話題となりました。

「おい、生ビール」……1000円
「生1つ持ってきて」……500円
「すいません、生1つください」……380円

この取り組みは笑えるものですが、このような貼り紙をするのは「おい、生ビー

ル」と偉そうに命令するお客様が何人もいたことを物語っています。

私が客室乗務員のときに同僚たちが口をそろえて言っていたのは、「『○○ください』と言わず『○○（商品名）』しか言わないお客様が多すぎる」ということです。何も、接客するほうを敬ってほしいというのではなく、人間対人間の最低限の気遣いをしてほしいという思いがあります。

何度も繰り返しますが、気遣いができる人は、利害関係で気遣いをする相手を選ばない人です。

他人や店員さんに対する振る舞いすべてが品性として表れてしまいます。

そして店員さんも人間なので、相手の品性を見て、態度を変えることもあります。「○○をお願いします」「ありがとう」を伝えられれば、店員さんもサービスをしたくなるものです。

横柄な態度をとってもよいことなど1つもありません。

「こんにちは」と言われれば「こんにちは」と返す。「お願いします」「ありがとう」を伝える。立場にかかわらず、人間対人間の最低限の気遣いですね。

6 待たされた時間を有意義に過ごすと、相手に自然な笑顔を向けられる

1日は「待ち時間」の連続だから

皆さんは待ち合わせのときには、待たされることが多いほうですか？　待たせることが多いほうですか？

時間の習慣は人によって大きく感覚が異なるものです。

待ち合わせには必ず5分前には着くように意識していても、いつも平気で相手を待たせる友人や恋人にイライラさせられるのでは、せっかくのゆとりがもったいないですよね。

しかし、この本の目的は相手を変えることではありません。待っているのに「待っていないよ」と嘘をつく必要もありません。相手も自分もうれしい、待つ工

夫をするのです。

待たされ時間を有効活用

まずは、最初から待つ前提で場所を決めるのがコツです。寒かったり暑かったりすれば、当然相手に対するイライラも増してしまうものです。カフェの中やデパートの中で待ち合わせをすれば、時間を潰すのにも困らないでしょう。

そして待っている間は何をしましょう。

気軽な時間つぶしになるSNSを開く方も多いのではないでしょうか。SNSが心から好きならよいのですが、できれば、その時間を過ごした後に満足感が残るようなものを普段から準備して（考えて）おくのがおすすめです。

私は本を常に1冊持ち歩いていますし、そのタイミングでしばらく連絡ができていなかった友人か親族にメッセージを打ったりしています。

最近はマインドフルネス瞑想といって、どこでもできる呼吸法をやることも多いです。そうすると**時間を有効活用できたと感じ、むしろ得をした気分になる**のです。

時間の使い方で心の余裕をつくる

人を待つことばかりでなく、映画の開始時間を待つ、病院の診察を待つ、電車を待つ、というときにも使えるものを考えてみてください。

1日はこのちょっとした待つ時間の繰り返しです。その待つ時間を楽しめる人とそうじゃない人とでは、時間の使い方だけでなく、心のゆとりも大きく変わってきます。

遅れてきた友人に謝られたときに、心がモヤモヤしているのに「いいよいいよ」と無理をするのではなく、**本当の笑顔で「ゆっくり過ごすことができたよ」と伝えられることが、自分への気遣い**になります。

7 モヤモヤしても、他人の成功や幸せには「いいね」

「いいね」を押すたびに自分の度量が大きくなる

SNSがメンタルヘルス（心の健康）に与える悪影響を証明した調査が次々と明らかになっています。

2017年、イギリスのRoyal Society for Public Health（RSPH）は14〜24歳の約1500人を対象に、SNSが若者の抱える不安・うつ・自己認識・ボディイメージなどにどのような影響を与えているかを調べました。

その結果、インスタグラムが若い女性に与えるネガティブな影響が顕著で、調査に参加したある女性は「インスタグラムに載せられている写真に写る体はフィルターがかけられ『完璧』に見えるように編集されているものですが、女の子たちがそれらを見ることで、自分たちの体が『十分ではない』と感じやすいのではないでしょうか」と語っています。

また2018年、ペンシルベニア大学の研究チームは、SNSの利用時間を1日30分に制限したことでメンタルヘルスが大きく改善したことを明らかにしました。

これらの結果を見て、「SNSに触れる時間を少なくしましょう！」と声高に言うのは簡単なことですが、なかなか会えない友人たちの動向を知るための貴重なツールだったり、ちょっとした楽しみにしている方もいらっしゃると思います。

私も仕事の活動報告や宣伝を、ブログよりも簡単に伝えることができるツールとして活用しています。

他人の幸せにモヤモヤしても、思いきって「いいね」を

そこで、SNSを利用しながらできる、相手も自分もうれしい気遣いを紹介しましょう。

それは**どうせ見るなら「いいね」を押す**ことです。シンプルすぎて拍子抜けしたかもしれませんが、自己肯定感の低い人は人の成功や幸せに対し、素直に「いいね」と言うことができない傾向があります。

これはSNSにかかわらず、友人から結婚の報告や、仕事の成功談などの自慢話を聞いて「よかったね」と言ってはいるけれども、心の中はモヤモヤしている状態と同じです。相手の言い方が悪かったからではありません。皆さん自身の心の問題なのです。

考え方を変えてみれば、**「いいね」を人に伝えている自分を認めてあげることができる**のです。「いいね」と言われて嫌な気持ちになる人はいません。

私は自分の中でSNSのルールを設けています。時間があるからとなんとなく見ないこと。人と一緒にいるときには開かないこと。寝る前の30分間は見ないこと。見るときには必ずできる限り「いいね」をすること。

そうすることで、SNSと長くよい距離を保ちながらつき合っています。皆さんのルールは何かありますか？

8

次に使う知らない誰かのために意識を向ける

「元に戻す」ことは目立たないが効果的な気遣い

私は子どもの頃から、「使ったものは元に戻しましょうね」と幼稚園の先生にも両親にも言われてきました。きっとほとんどの方もそうでしょう。

おもちゃをおもちゃ箱に戻したり、皆が使うハサミは道具入れに戻すように教えられてきた私たちですが、はたして他人と一緒に使うものに対しても「元に戻す」という行為ができているでしょうか。

お化粧室のシンクでバシャバシャと手を洗い、その手の水気をブンブンと振り払い、髪の毛を梳かしてそのまま出ていく。そんな光景を見たことがありませんか？

残念ながら私は駅や百貨店のトイレでよく見かけます。隣の方がブンブンと振った水気が顔にかかった経験もあります。そのときに不思議と怒りはまったくなく、「美しくない残念な人たち」という哀れみに近い印象を持ちました。

ハンカチを持ち歩き、手を拭き、そのうえでペーパーやティッシュでシンク回りをサッと拭いて出る。それが美しい大人の気遣いのはずです。

「次の人のために元に戻す」という気遣い

私の母は勉強や趣味のことなどにおいて、厳しいことを言うタイプではありませんでした。

しかし、そんな母が私に口酸っぱく言っていたのが、お化粧室のシンクの使い方でした。髪の毛が落ちたらティッシュで取ること。シンクのまわりに跳ねた水しぶきはしっかりと拭き取ること。それは**次の人に気持ちよく使ってもらうため**だということでした。

この「次の人に気持ちよく使ってもらうために元に戻す」という教えは、お化粧室のシンクだけでなく、切れてしまったトイレットペーパーの補充や、新幹線の座席を元に戻すことなど、すべてのことに言えることです。

普段から「元に戻す」ということを、気をつけていた私ですが、今住んでいるマンションに引っ越してきて感動したことがありました。

私の住んでいるマンションは低層型で、エレベーターは1機です。ある日、ほとんど同時に帰宅した方がいたのですが、私が郵便物を取っている間に、先にエレベーターで上がっていかれました。

しかし、私がエレベーター前に行くと、なぜかエレベーターが1階に戻っていたのです。最初はたまたまかと思いましたが、そのマンションでは皆さんが帰宅時間帯になると、次の人のために1階に戻していることに気づいたのです。

皆さんの普段の生活の中にたくさんある「次の人のために元に戻す」という気遣い。普段行っているもの以外にどのようなものがあるか、明日から楽しみながら見つけてみてください。

あとがき

気遣いができる人は美しい

この本を書いていて、改めて気がついたことが2つあります。

1つ目は、私のまわりにはさりげない気遣いができる素晴らしい人が多いということです。

さりげない気遣いについて思い出そうと意識して初めて、「ああ、あのとき、私は気遣ってもらっていたんだ」と気がついたこともたくさんありました。やはり、周囲に興味をもって意識して見ていないと、気づいていないことがたくさんあるのだと反省しました。

2つ目は、人を輝かせよう、人に喜んでもらおうと、縁の下で気遣いをしている人は、その人自身が美しく輝いているということです。

自分をアピールするタイプではないのに、なぜかいつもまわりに人が集まってくる人、落ち着きと奥ゆかしさをまとった人は、もしかしたら他人と自分への気遣いができる人なのかもしれません。

そしてさりげない気遣いをして輝いている人たちに共通するのは、人と比べることも、同調することもしていません。そんな自分でいるためには、やはり自己肯定感が大きなポイントになりそうです。

自己肯定感は幼少期の親との関わりが大きく影響すると言われていますが、私は大人になってからも育む方法はあると思っています。

それが人に「気遣い」をすることだと考えています。

相手に喜んでもらえれば、当然自分もうれしいですし、仮に相手に自分の気遣いを気づいてもらえなかったとしても、その行動をしっかり自分は見ているので、自分をほめることができるからです。

私は20代に患ったうつ病というつらい経験を通し、何かに迷ったときには「人にどう思われるかではなく、自分がどう思うか」を判断基準にしてきました。「皆に好かれる必要はないし、まずは自分が自分を好きでいることが一番大切」ということを痛感したからです。

それから人間関係が楽になり、狙ってしているわけではないのに、その行動に対して思いがけない好反応をもらうことができるようになりました。目的を「相手」ではなく「自分」のためにした結果、相手にも喜んでもらうさりげない気遣いができるようになったのかもしれません。

一般的なマナー本や気遣いの本とは大きく違い、この本の最終章では「自分のために気遣いをしましょう」ということを伝えているのは、そういった経験から出たアイデアでした。

2000年に公開された「ペイ・フォワード」というアメリカ映画をご存じでしょうか？　気遣いをしてくれた相手ではなく、別の3名に気遣いを返していけば、世界に善意の連鎖が広がるのではないかと考え、実行してみた少年の物語です。
その結果どうなったのか――については、もちろんここでは触れませんが、少なくとも他人への気遣いは最終的に巡り巡って自分のもとに返ってくると、私は本気で信じています。

見返りを求めていなくても、返ってきているはずです。少なくとも私も含め、私の周辺にいる気遣いのできる人たちは皆とても幸せそうです。

私は現在の仕事を通し、接客をする側も幸せな「本当のおもてなし大国、日本」にしたいと考えています。犠牲のもとに成り立つ接客や気遣いは続きません。する側もされる側もうれしい、そんな気遣いをこれからも追求していきたいと思います。

2019年2月

&MIND代表　ホスピタリティマインドトレーナー　菊地　麻衣子

†主要参考文献

森谷尅久（２０１５）『日本人の「おもてなし」はなぜ世界一と言われるのか』ＫＫロングセラーズ

サイモン・バロン＝コーエン著、三宅真砂子訳（２００５）『共感する女脳、システム化する男脳』ＮＨＫ出版

黒川伊保子著（２００６）『恋愛脳——男心と女心は、なぜこうもすれ違うのか』新潮文庫

メンタリストＤａｉＧｏ（２０１４）『男女脳戦略。——男にはデータを、女にはイメージを売れ』ダイヤモンド社

Royal Society for Public Health（2017）“#StatusOfMind:Social media and young people's mental Health and wellbeing” <https://www.rsph.org.uk/our-work/campaigns/status-of-mind.html>（参照 2018-11-4）

Melissa G. Hunt, Rachel Marx, Courtney Lipson and Jordyn Young（2018）” Limiting Social Media Decreases Loneliness and Depression”, University of Pennsylvania, Journal of Social and Clinical Psychology, Vol. 37: , Issue 10, : Pages 751-768, (Issue publication date: December 2018), <https://guilfordjournals.com/doi/10.1521/jscp.2018.37.10.751>（参照 2018-11-4）

菊地麻衣子（きくちまいこ）

&MIND代表　ホスピタリティマインドトレーナー　産業カウンセラー
2007年日本航空インターナショナル株式会社入社。国内線・国際線客室乗務員、PR担当CAとして勤務。2010年大手会員制リゾートグループ、リゾートトラスト株式会社入社。「もう一度会いに来てもらう」サービスに定評があり、お子様から政界、芸能界、大企業創業者、世界のVIPまで幅広いファンを持つ。リゾートトラスト全国39施設内で最もハイグレードである東京ベイコート倶楽部ホテル&スパリゾートのコンシェルジュに抜擢され、CS（顧客満足度）向上リーダーとしてコンシェルジュスタッフ全体のCS向上を達成。客室乗務員時代含め、延べ50万人以上のお客様と接する。
2015年に&MIND設立。マナー接遇のような決まったルールを伝える研修とは一線を画し、自発的、継続的にホスピタリティを発揮できる「応用力のある人材育成」のため、マインドとスキルのバランスを大切にした独自の接客研修、コンサルティングを展開する。講演受講者は延べ1万名に達する。著書に『絶対に身につけたい本物の接客』『「イヤ！」と言ってもこじれない、嫌われない！ちょうどいい「言い回し」と「振る舞い」』（いずれも明日香出版社）がある。

誰からも好かれる
さりげない気遣い
２０１９年３月10日　初版発行

著　者　菊地麻衣子
発行者　太田　宏
発行所　フォレスト出版株式会社
〒１６２－０８２４
東京都新宿区揚場町２－18　白宝ビル５Ｆ
電　話　０３－５２２９－５７５０（営業）
　　　　０３－５２２９－５７５７（編集）
ＵＲＬ　http://www.forestpub.co.jp

印刷・製本　萩原印刷株式会社

ISBN 978-4-86680-023-3 Printed in Japan